10	11	12	13	14	15	16	17	18	族

周期

表中の原子量は、IUPAC の原子量をもとに、日本化学会原子量小委員会が作成したものである。安定同位体がなく、同位体の天然存在比が一定しない元素は、代表的な同位体の質量数を（　）の中に示した。

□ 金属元素
▨ 非金属元素

| | 2 He ヘリウム 4.003 | 1 |

| 5 B ホウ素 10.81 | 6 C 炭素 12.01 | 7 N 窒素 14.01 | 8 O 酸素 16.00 | 9 F フッ素 19.00 | 10 Ne ネオン 20.18 | 2 |

| 13 Al アルミニウム 26.98 | 14 Si ケイ素 28.09 | 15 P リン 30.97 | 16 S 硫黄 32.07 | 17 Cl 塩素 35.45 | 18 Ar アルゴン 39.95 | 3 |

| 28 Ni ニッケル 58.69 | 29 Cu 銅 63.55 | 30 Zn 亜鉛 65.41 | 31 Ga ガリウム 69.72 | 32 Ge ゲルマニウム 72.64 | 33 As ヒ素 74.92 | 34 Se セレン 78.96 | 35 Br 臭素 79.90 | 36 Kr クリプトン 83.80 | 4 |

| 46 Pd パラジウム 106.4 | 47 Ag 銀 107.9 | 48 Cd カドミウム 112.4 | 49 In インジウム 114.8 | 50 Sn スズ 118.7 | 51 Sb アンチモン 121.8 | 52 Te テルル 127.6 | 53 I ヨウ素 126.9 | 54 Xe キセノン 131.3 | 5 |

| 78 Pt 白金 195.1 | 79 Au 金 197.0 | 80 Hg 水銀 200.6 | 81 Tl タリウム 204.4 | 82 Pb 鉛 207.2 | 83 Bi ビスマス 209.0 | 84 Po ポロニウム (210) | 85 At アスタチン (210) | 86 Rn ラドン (222) | 6 |

典型元素

7

| 63 Eu ウロピウム 152.0 | 64 Gd ガドリニウム 157.3 | 65 Tb テルビウム 158.9 | 66 Dy ジスプロシウム 162.5 | 67 Ho ホルミウム 164.9 | 68 Er エルビウム 167.3 | 69 Tm ツリウム 168.9 | 70 Yb イッテルビウム 173.0 | 71 Lu ルテチウム 175.0 |

| 95 Am アメリシウム (243) | 96 Cm キュリウム (247) | 97 Bk バークリウム (247) | 98 Cf カリホルニウム (252) | 99 Es アインスタイニウム (252) | 100 Fm フェルミウム (257) | 101 Md メンデレビウム (258) | 102 No ノーベリウム (259) | 103 Lr ローレンシウム (262) |

チャレンジ理科
〈化学〉

日本留学試験対応

木谷 朝子

国書刊行会

はじめに

　平成14年度（2002年度）からはじまった，留学生の皆さんが大学へ進学する際に受ける試験が「日本留学試験」です。

　「日本留学試験」は，日本語及び基礎学力を評価するもので，文系の科目に「日本語」「総合科目」（公民・地理・歴史），理系の科目に「数学」，「理科」（「物理」，「化学」，「生物」）があります。

　本書は，理系科目のうち「化学」についてまとめたものです。
　「化学」は，古代エジプトの時代から冶金・染色・ガラスなど生活に密着した形で存在していました。
　17世紀にはボイルが33種類の元素を発表し，19世紀以降は最終的分解生成物が元素であるということが定着し，現在では約110種類の元素が確認されています。
　このように生活と切り離せない「化学」は覚えることが多い科目ですが，本書の解説を熟読し，練習問題・総合問題を解いてください。問題を複数回解くことも良い勉強方法の一つです。「日本留学試験」を受験する皆さんのご健闘をお祈りしています。

　最後になりますが，〈電池と電気分解〉の原稿をチェックしてくださった電気工学士の鎌田一郎さん，丁寧に原稿の確認をして頂いた東京理科大学理学研究科物理学専攻博士後期課程の文屋宏さん，小宮全博士，本書の執筆を勧めてくださり，ご協力頂いた国書刊行会の佐藤純子さんにこの場をかりてお礼を申しあげます。

2007年10月

木谷　朝子

本書の使い方

　この問題集は「日本留学試験」の「理科〈化学〉」のシラバスにそって構成されています。

　各章の最後には，その章で学んだ重要事項を復習するための「練習問題」があります。学んだ内容をより理解するため，実際の試験問題とは異なり選択式でない問題もあります。

　巻末には，「総合問題」が2回分ありますので，実際の試験を受けるのと同じ気持ちで解いてみて下さい。

目次

はじめに

本書の使い方

第1章 物質の化学的性質 7

1 無機物質 7

(1) 単体 7

典型元素の性質と周期表 7
第3周期までとK, Ca 9

(2) 化合物 10

典型元素とその化合物 10
遷移元素とその化合物 10
酸化物 10
水酸化物 11

(3) イオンの確認 11

代表的なイオンの反応 11
呈色反応, 沈殿反応 13

2 有機物質 14

(1) 有機化合物の特徴 14

有機化合物の組成 15
分子式の決定 15
有機化合物の構造と分類 15
炭化水素 16
有機化合物の反応 18
構造式と異性体（光学異性体） 18
脂肪（油脂）族 19
芳香族 20
芳香族カルボン酸 21
アルコール 21
エーテル 22
アルデヒド 22
ケトン 23
カルボン酸 23
フェノール 24
油脂と洗剤 24

(2) 窒素を含む化合物 25

アミン 25
芳香族アミン 26
芳香族ニトロ化合物 27
アミノ酸 28

3 合成高分子化合物 30

ポリエチレン 30
ポリプロピレン 30
ポリアクリロニトリル 31
ポリ塩化ビニル 31
ポリ酢酸ビニル 31
ポリエステル 32
ナイロン 32

第1章 練習問題 33

第2章 物質の状態 38

1 純物質 38

(1) 物質の三態 38

(2) 融解, 蒸発と融点, 沸点 39

(3) 気体の状態式 40

2 混合物 42

(1) 気体の分圧 42

(2) 溶液 43

溶解と溶解度 43

(3) 希薄溶液の性質 45

沸点上昇 45
凝固点降下 45
浸透圧 46

(4) コロイド溶液 46

コロイド溶液の性質 46

第2章 練習問題 48

第3章 化学反応 53

1 反応の速さ 53

(1) 速い反応と遅い反応 53

2 化学反応と熱 54

(1) 反応熱 54
(2) 熱化学方程式 54

3 化学平衡 55

(1) 可逆反応 55
(2) 化学平衡の移動 55

4 酸と塩基の反応 56

(1) 酸, 塩基 56
(2) 中和 58
(3) 水素イオン濃度 59

5 酸化, 還元反応 59

(1) 酸化, 還元 59
(2) 電気分解 60
(3) 金属のイオン化傾向 62
(4) 電池 63

第3章 練習問題 65

第4章 物質の構造 69

1 原子の構造 69

(1) 原子の構造モデル 69
(2) 原子の電子配置 70
(3) 原子の構造と元素の周期表 71

2 化学結合 73

(1) イオン結合 73
(2) 共有結合 74
(3) 物質の構造と性質 75

第4章 練習問題 78

総合問題 第1回 82
        第2回 89

解答 95
索引

第 1 章
物質の化学的性質

1 無機物質

(1) 単体

1種類の元素からできている純物質を**単体**という。単体は，化学的操作（電気分解など）によって2つ以上の物質に分けられない。代表的なものは鉄，炭素などである。

```
物質 ┬ 純物質  1種類の物質からできている。 ┬ 単体  1種類の元素からできている。
     │        （融点や沸点が一定）         └ 化合物 2種類以上の元素からできている。
     └ 混合物  2種類以上の純物質からできている。
              （融点や沸点は混合の割合で異なる）
```

※酸素，水素などは，単体・元素の両方に使われる。

【典型元素の性質と周期表】

水は純物質であるが，化学的操作で水素と酸素に分けられる。しかし水素と酸素はどのような方法を用いても他の物質に分解できない。このように，物質を構成する基礎的な成分を**元素**という。元素は約110種類あり，ラテン語名のアルファベット大文字1字または大文字と小文字の2字で示す元素記号で表される。

原子番号順に元素を並べると，性質のよく似た元素がある周期で現れる。これを**元素の周期律**という。周期性を示す元素の性質には，単体の沸点や融点，原子やイオンの大きさ，生成する化合物の組成などがある。

周期律に従って元素を原子番号順に配列した表を，**元素の周期表**という。

元素と元素記号の例

元素	元素記号
水素	H
酸素	O
窒素	N
炭素	C
金	Au
銀	Ag
銅	Cu
アルミニウム	Al

族 周期	1	2	3	4	5	6	7	8	9	10	11	12	13	14	15	16	17	18
1	H																	He
2	Li	Be											B	C	N	O	F	Ne
3	Na	Mg											Al	Si	P	S	Cl	Ar
4	K	Ca	Sc	Ti	V	Cr	Mn	Fe	Co	Ni	Cu	Zn	Ga	Ge	As	Se	Br	Kr
5	Rb	Sr	Y	Zr	Nb	Mo	Tc	Ru	Rh	Pd	Ag	Cd	In	Sn	Sb	Te	I	Xe
6	Cs	Ba	ランタノイド	Hf	Ta	W	Re	Os	Ir	Pt	Au	Hg	Tl	Pb	Bi	Po	At	Rn
7	Fr	Ra	アクチノイド	Rf	Db	Sg	Bh	Hs	Mt	Ds	Rg							

＝金属元素
＝非金属元素
単体は常温で固体
単体は常温で気体
単体は常温で液体

アルカリ土類金属元素(Be,Mgはのぞく)
アルカリ金属元素(Hはのぞく)
ハロゲン元素
希ガス元素

典型元素　遷移元素　典型元素

　周期表の横の列を**周期**（第1周期から第7周期まで），たての列を**族**（1族から18族まで）という。同じ族に属する元素を，**同族元素**という。
　元素の性質の周期性が特によく現れる元素群を**典型元素**といい，1，2，12〜18族の47種の元素が含まれる。3〜11族の元素を**遷移元素**という。
　周期表とイオン：原子が電子を失ったり得たりすると，**電気（電荷）**を帯びるようになる。この電気を帯びた原子を**イオン**という。原子が電子を失って全体に正(＋)の電気（正電荷）を持つ粒子を**陽イオン**という。原子が電子を得て全体に負(−)の電気（負電荷）を持つ粒子を**陰イオン**という。周期表で，同一周期の元素は，族番号が小さい元素（左側にあるもの）ほど陽イオンになりやすく（陽性または金属性が強い），右側にあるほど陰イオンになりやすい（陰性または非金属性が強い）。陽イオンになりやすい元素を**金属元素**，陰イオンになりやすい元素を**非金属元素**という。
　金属元素：光沢を持ち（金属光沢）電気や熱をよく伝える単体の元素を，**金属元素**という。典型元素の約2分の1と遷移元素のすべてが含まれ，全元素数の約80％を占めている。金属元素はすべて陽性な元素で，陽イオンになりやすい。
　非金属元素：金属元素以外の元素。非金属元素は，すべて典型元素であり，水素を除いて周期表の上のほうに固まって存在する。非金属元素は，イオンになりにくい18族元素を除いて，周期表の右上にある元素ほど陰性が強く，原子は陰イオンになりやすい。18族元素は**希ガス**とよばれる。
　1族元素：水素以外のリチウム，ナトリウム，カリウム，ルビジウム，セシウム，フランシウムを**アルカリ金属**という。アルカリ金属は，銀白色のやわらかい金属で，1価の陽イオンになりやすい。ナトリウムの単体は室温で水と反応し水素を発生する。アルカリ金属の反応性

は，原子番号が大きくなるに従ってはげしくなる。

2族元素：ベリリウムとマグネシウムを除くカルシウム，ストロンチウム，バリウム，ラジウムは，特に性質がよく似ており，**アルカリ土類金属**という。アルカリ土類金属は，銀白色の金属で，2価の陽イオンになりやすく，アルカリ金属に次いで反応性が大きい。

17族元素：**ハロゲン**とよばれ，1価の陰イオンになりやすい。ハロゲンの単体は室温では，フッ素，塩素は気体，臭素は液体，ヨウ素は固体で存在する。ハロゲンの単体の反応性は，原子番号が小さくなるにしたがって大きくなる。

【第3周期までとK，Ca】

第1周期は水素とヘリウムの2元素からなり，第2周期は，リチウム，ベリリウム，ホウ素，炭素，窒素，酸素，フッ素，ネオンの元素からなり，第3周期はナトリウム，マグネシウム，アルミニウム，ケイ素，リン，硫黄，塩素，アルゴンのそれぞれ8個の元素を含んでいる。元素の性質は，同一周期内では原子番号とともに次第に変化するが，同じような変化が各周期ごとに繰り返して現れる。

酸化数（物質中の原子やイオンがどの程度酸化や還元（→ p.59）されているか示す数），イオン化エネルギー（原子，イオンなどから1個の電子をとるのに必要なエネルギー），元素の融点，密度，原子・イオンの大きさなど，多くの性質が原子番号とともに周期的な変化を繰り返す。

このような規則性が元素の周期律である。第3周期の元素は，イオン化エネルギーが小さく，陽イオンになりやすい。右にある元素ほど，単体は共有結合（→ p.74）が強く，陰イオンになりやすい。中間のケイ素は，中間の性質を示す。

カリウム（K）：原子番号19，原子量39.10で，周期表の1族に属し，銀白色でやわらかいアルカリ金属の一つである。構造は体心立方格子（→ p.75）。ナトリウムによく似ているが，化学的性質は，ナトリウムより活発で，空気中では酸化されやすく，室温で水と激しく反応し水素を発生する。炎色反応（→ p.11）は淡紫色である。

カルシウム（Ca）：原子番号20，原子量40.08のアルカリ土類金属の一つ。周期表の2族に属し，色は銀白色である。構造は面心立方格子（→ p.75）。鉛よりかたく展性・延性に富んでいる。常温で酸素，ハロゲンと化合する。天然には炭酸塩，海水中に含まれる岩塩，火成岩に多く含まれる硫酸塩として多量に存在する。フッ化物（ホタル石）としても存在する。水を作用させると常温でも徐々に反応し，水素を発生させる。イオンは無色，炎色反応は橙赤色である。

⑵ 化合物

2種類以上の元素からできている純物質を**化合物**という。化合物の構成元素の質量比は，常に一定である（定比例の法則）。

【典型元素とその化合物】

周期表の1，2，12～18族の47種の元素を**典型元素**という。同族元素では，原子の価電子数が等しい。酸化数は各族ごとにほぼ一定。ほとんど無色，または白色。

【遷移元素とその化合物】

周期表の3～11族の元素を，**遷移元素**という。すべて金属元素で，鉄，銅，銀など日常的によく使われる金属が多い。化学工業では，いろいろな反応の触媒として使われる。

遷移元素の単体は，一般に融点，沸点が高くて硬い。また，密度の大きいものが多い。

遷移元素は，同一元素でも化合物中では，いくつかの酸化数を示すことが多い。

遷移元素の化合物やイオンには有色のものが多い。そのため遷移元素の化合物を用いた顔料が多い。

遷移元素の単体の性質

元素記号	$_{22}Ti$	$_{24}Cr$	$_{25}Mn$	$_{26}Fe$	$_{28}Ni$	$_{29}Cu$	$_{47}Ag$	$_{78}Pt$	$_{79}Au$
融点（℃）	1660	1857	1244	1535	1453	1083	962	1769	1064
沸点（℃）	3290	2670	1962	2750	2910	2570	2210	3800	2810
密度（g/cm³）	4.50	7.19	7.44	7.87	8.91	8.96	10.5	21.5	19.3

水溶液中の遷移元素のイオンの色

イオン	Cr^{3+}	Mn^{2+}	Fe^{2+}	Fe^{3+}	Co^{2+}	Ni^{2+}	Cu^{2+}	CrO_4^{2-}	$Cr_2O_7^{2-}$	MnO_4^{-}
色	緑	淡赤	淡緑	黄褐	赤	緑	青	黄	橙赤	赤紫

【酸化物】

酸素とそれ以外の元素との化合物のことを酸化物という。元素の単体と酸素を直接反応させて得られることが多い。一般に金属元素の多くは塩基性酸化物，非金属元素は酸性酸化物，中間の性質を持つ元素は両性酸化物（塩基と酸の両方の性質を示す）を生じる。

【水酸化物】

ある元素がヒドロキシ基（−OH）とだけ結合している化合物をさす。一般式 M′(OH), M″(OH)$_2$, M‴(OH)$_3$ などで表される。広い意味では，ヒドロキシ基をもつ化合物すべてをいう。酸化物の水和物（M′O・H$_2$O, M″O・H$_2$O, M‴$_2$O$_3$・H$_2$O）を水酸化物と呼ぶこともある。

(3) イオンの確認

陽イオン：電子を失い，正（＋）の電荷を帯びたもの。
陰イオン：電子を受け取り，負（−）の電荷を帯びたもの。

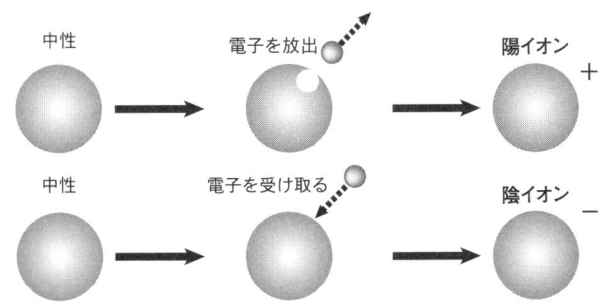

イオン式：イオンを表す式で，元素記号に，原子がイオンになる時失ったり受けたりした電子の数（イオンの価数）と，イオンの符号（＋か−）を右上につける。価数が1の時は符号のみつける。

原子団：化合物の分子中にある，共有結合で結ばれた原子の集まり。

電離：物質が水に溶けて，陽イオンと陰イオンに分かれることを電離という。また電離する物質を電解質という（塩化水素，塩化銅など）。電解質の水溶液には電流が流れる。電離しない物質は非電解質といい（砂糖水，エタノールなど），その水溶液にはほとんど電流が流れない。

【代表的なイオンの反応】

炎色反応：主にアルカリ金属，アルカリ土類金属などの元素やその化合物が，炎の中でその元素特有の色の炎を生じることを炎色反応という。炎の色によって定性分析ができる。

代表的な炎色反応

元素	Li	Na	K	Rb	Cs	Ca	Sr	Ba	Cu
炎色	赤	黄	赤紫	深赤	青紫	橙赤	深赤	黄緑	青緑

主な元素の原子量，イオンの原子団，酸化数

元素記号	元素名	原子量 (概数値)	イオンの原子団	酸化数
Ag	銀	107.9	Ag^+	＋1
Al	アルミニウム	26.98	Al^{3+}	＋3
Ar	アルゴン	39.95		
Au	金	197.0	Au^{3+}	＋3
B	ホウ素	10.81	BO^{3-}	＋3
Br	臭素	79.90	Br^-	－1
C	炭素	12.01	CO_3^{2-}	＋4
Ca	カルシウム	40.08	Ca^{2+}	＋2
Cl	塩素	35.45	ClO_3^-, Cl^-	－1
Co	コバルト	58.93	Co^{2+}	＋2
Cr	クロム	52.00	$Cr_2O_7^{2-}$, CrO_4^{2-}, Cr^{3+}	＋3
Cu	銅	63.55	Cu^{2+}	＋2
F	フッ素	19.00	F^-	－1
Fe	鉄	55.85	Fe^{3+}, Fe^{2+}	＋3, ＋2
H	水素	1.008	H^+	＋1
He	ヘリウム	4.003		
Hg	水銀	200.6	Hg^+, $[Hg_2]^{2+}$	＋2, ＋1
I	ヨウ素	126.9	IO_3^-, I^-	－1
K	カリウム	39.10	K^+	＋1
Kr	クリプトン	83.80		
Mg	マグネシウム	24.31	Mg^{2+}	＋2
Mn	マンガン	54.94	MnO_4^-, Mn^{2+}	＋7, ＋4, ＋2
N	窒素	14.01	NO_3^-, NH_4^+	＋5, －3
Na	ナトリウム	22.99	Na^+	＋1
Ne	ネオン	20.18		
Ni	ニッケル	58.69	Ni^{2+}	＋2
O	酸素	16.00	OH^-	－2
P	リン	30.97	PO_4^{3-}	＋5
Pb	鉛	207.2	Pb^{2+}	＋4, ＋2
S	イオウ	32.07	SO_4^{2-}, SO_3^{2-}, S^{2-}	＋6, ＋4, －2
Si	ケイ素	28.09	SiO_3^{2-}	＋4
Sn	スズ	118.7	Sn^{4+}, Sn^{2+}	＋4, ＋2
Zn	亜鉛	65.41	Zn^{2+}	＋2

【呈色反応，沈殿反応】

呈色反応（発色反応）：元素・イオン・化合物などが，特定の試薬に，特定の条件で反応した時，それまでに示していた色と異なった色を示す反応を呈色反応（発色反応）という。呈色の度合いから定量分析もできる。

沈殿：溶液を加熱，冷却したり，試薬を加えた時，溶けにくい物質が分離することや，分離した物質そのものを沈殿という。

沈殿反応（沈殿滴定）：沈殿が生成・消失する反応を利用した滴定。沈殿が生成し始めた点，沈殿の生成が完了した点，沈殿が消失した点が滴定が滴定の終点となる。終点は肉眼でも判定することができるが，ほとんどは，指示薬（硝酸銀が多く用いられる）を使い，その色の変化によって決定する。硝酸銀を用いた反応を特に，銀滴定という。一般的な例では，塩化物イオン濃度を求めることが多い。

水溶液中での陽イオンの反応

陽イオン	反応（試薬は全て水溶液）
Mg^{2+}	塩基により $Mg(OH)_2$ の白色沈殿。NH_4Cl に溶ける。
Ca^{2+}	CO_3^{2-} により $CaCO_3$ の白色沈殿。SO_4^{2-} により $CaSO_4$ の白色沈殿。
Ba^{2+}	SO_4^{2-} により $BaSO_4$ の白色沈殿。CO_3^{2-} により $BaCO_3$ で白色沈殿。
Zn^{2+}	塩基により $Zn(OH)_2$ の白色沈殿。$(NH_4)_2S$ により ZnS の白色沈殿。
Al^{3+}	塩基により $Al(OH)_3$ の白色沈殿。強塩基に溶け，アンモニア水溶液には溶けない。
Cd^{2+}	H_2S により CdS の黄色沈殿。
Pb^{2+}	H_2S により PbS の黒色沈殿。Cl^- で $PbCl_2$ の白色沈殿。CrO_4^{2-} により $PbCrO_4$ の黄色沈殿。
Sn^{2+}	H_2S により SnS の褐色沈殿。塩基により $Sn(OH)_2$ の白色沈殿。
Fe^{2+}	$[Fe(CN)_6]^{3-}$ により濃青色沈殿。塩基により $Fe(OH)_2$ の白色沈殿。空気中で褐色に変化する。
Fe^{3+}	$[Fe(CN)_6]^{4-}$ により濃青色沈殿（酸性）。
Cu^{2+}	塩基により $Cu(OH)_2$ の青色沈殿。これは NH_3 に溶けて $[Cu(NH_3)_4]^{2+}$ という錯イオンをつくり深青色溶液になる。H_2S により Cu の黒色沈殿。
Ag^+	Cl^- で $AgCl$ の白色沈殿。これは NH_3 に溶けて $[Ag(NH_3)_2]^+$ の無色溶液になる。日光によって黒くなる。CrO_4^{2-} により Ag_2CrO_4 の暗赤色沈殿。水酸化ナトリウム水溶液には溶けない。
Mn^{2+}	塩基性で H_2S により MnS の淡赤色沈殿。塩基により $Mn(OH)_2$ で白色沈殿。空気中で褐色になる。

水溶液中での陰イオンの反応

陰イオン	反応（試薬は全て水溶液）
Cl^-	Ag^+ により AgCl の白色沈殿。
Br^-	Ag^+ により AgBr の淡黄色沈殿。Cl_2 により Br_2 の赤褐色溶液。
I^-	Ag^+ により AgI の黄色沈殿。$Cl_2 \cdot Br_2$ により I_2 の褐色溶液。
S^{2-}	Pb^{2+} により PbS の黒色沈殿。SO_2 により S の白濁液。
CO_3^{2-}	Ca^{2+} により $CaCO_3$ の白色沈殿。Ba^{2+} により $BaCO_3$ の白色沈殿。
SO_4^{2-}	Ba^{2+} により $BaSO_4$ の白色沈殿。Pb^{2+} により $PbSO_4$ の白色沈殿。
NO_3^-	濃硫酸を加えた後 $FeSO_4$ を注ぐと，液層面に褐色環ができる。
CrO_4^{2-}	Pb^{2+} により $PbCrO_4$ の黄色沈殿。酢酸に溶けにくい。$AgNO_3$ により Ag_2CrO_4 の赤色沈殿。
MnO_4^-	酸性で還元剤を加えると，ほぼ無色（淡赤色）になる。

2 有機物質

有機化合物：木材や紙が燃える時，二酸化炭素 CO_2 と水 H_2O が発生する。このことから，木材や紙の材料となる植物の構成元素として炭素と水素が含まれていることがわかる。植物や動物などをつくっている物質のほとんどは，炭素を含む化合物である。このような化合物を**有機化合物**という。19世紀のはじめごろまでは，生命体だけが有機化合物をつくりだすと考えられていた。鉱物など直接生命と関係のない物質は，無機化合物とよばれていた。その後，有機化合物も人工的につくりだせることがわかり，自然界に存在しない炭素化合物も合成されるようになった。

一般的に有機化合物は，炭素と水素を含み，その他に，酸素・窒素・硫黄などを含む有機化合物もある。無機化合物より成分元素の種類は少なく，結合の種類も少ないが，結合のしかたによっていろいろ構造の違った化合物になる。そのため，有機化合物の種類はとても多い。

炭素の酸化物 CO，CO_2，炭酸塩（$CaCO_3$ など）やシアン化合物（KCN）などは，慣習として有機化合物として含めない。

(1) 有機化合物の特徴

有機化合物の分子はおもに共有結合（→ p.74）でできていて，無機化合物と違った性質をもつ。

- 有機化合物の融点や沸点は一般に低い。
- 有機化合物は，ベンゼンやエーテルなど有機化合物の溶媒にはよく溶けるが，水に溶けにくいものが多い。
- 有機化合物は空気中で燃えるものが多く，燃えると，二酸化炭素と水が発生する。
- 有機化合物の反応は一般に遅い。このため，過熱したり，触媒を使ったりして反応

を促進させることが多い。

【有機化合物の組成】

多数の陽イオンと陰イオンが交互に等間隔に並んでいる有機化合物のような物質は、結晶中に分子に相当する独立な単位粒子をみつけられない。そのため、分子式を書くことができないので組成式を使う。

組成式：イオンになっている原子または原子団の種類とその原子数（原子団数）の比を表す式。

分子式：元素記号を用いて分子を表した式。

カルシウムイオン Ca^{2+} と塩化物イオン Cl^- からできている化合物を、組成式で表すと次のようになる。

- 仮に CaCl と書く　（陽イオンになっている原子を先に書く。）
- $Ca^{2+} : Cl^- = 1 : 2$　（化合物全体は電気的に中性）
- 組成式は $CaCl_2$（塩化カルシウム）となる。

組成式の決定：C, H, O だけからなる化合物 w (g) を燃焼させて、CO_2 が x (g)、H_2O が y (g) 得られた時、次のように決定することができる。

炭素の質量 w_C、水素の質量 w_H、酸素の質量 w_O を求める。

炭素の質量 w_C；$x \times \dfrac{\text{C の原子量 (12.0)}}{CO_2 \text{ の分子量 (44.0)}}$

水素の質量 w_H；$y \times \dfrac{\text{H の原子量 (1.0)} \times 2}{H_2O \text{ の分子量 (18.0)}}$

酸素の質量 w_O；$w - (w_H + w_C)$

$$C : H : O = \dfrac{w_C}{12.0} : \dfrac{w_H}{1.0} : \dfrac{w_O}{16.0} = l : m : n$$

したがって、この化合物の組成式（実験式）は、$C_lH_mO_n$ となる。

【分子式の決定】

有機化合物の分子式は、組成式の整数倍に相当する。したがって、分子量が組成式の式量の何倍になるかを計算すれば、組成式から分子式を求めることができる。

$$\dfrac{\text{分子量}}{\text{組成式の式量}} = n \text{（整数）} \qquad \text{分子式量} = \text{組成式量} \times n$$

【有機化合物の構造と分類】

CO や CO_2 のような酸化物や $CaCO_3$ のような炭酸塩などを除く、炭素を含む化合物を有機

化合物という。有機化合物を構成する元素には炭素C，水素H，酸素Oのほかに，窒素N，硫黄Sなどがある。有機化合物の骨格である炭素原子は，次々と互いに共有結合して，鎖状や環状につながることができる。

これらの共有結合は，単結合だけでなく，二重結合や，三重結合になる場合もある。炭素原子は，水素・酸素・窒素・硫黄などの非金属元素の原子とも，安定した共有結合をつくる。このため，多種類の有機化合物が存在する。

炭素骨格による分類：分子が鎖状構造のものを**鎖式化合物**または**脂肪族化合物**といい，環状構造を含むものを**環式化合物**という。結合がすべて単結合のものを**飽和結合**といい，二重結合や，三重結合などを含むものを**不飽和結合**という。ベンゼン環をもつものを**芳香族化合物**，芳香族化合物以外の環式化合物を**脂環式化合物**という。

炭素骨格と炭素原子間の結合の種類

炭素骨格		炭素原子間の結合の種類		
鎖状結合	C—C—C—C—C / C	単結合（飽和結合）		—C—C—
環状結合	（ベンゼン環 C₆）	不飽和結合	二重結合	C=C
			三重結合	—C≡C—

【炭化水素】

炭化水素は炭素と水素だけからなる化合物で，含まれる結合の種類により，飽和炭化水素と不飽和炭化水素に分類される。すべての結合が単結合であるものが飽和炭化水素，二重結合や三重結合をもつ炭化水素が不飽和炭化水素である。炭化水素は，炭素原子のつながり方により，鎖式炭化水素と環式炭化水素に分類される。

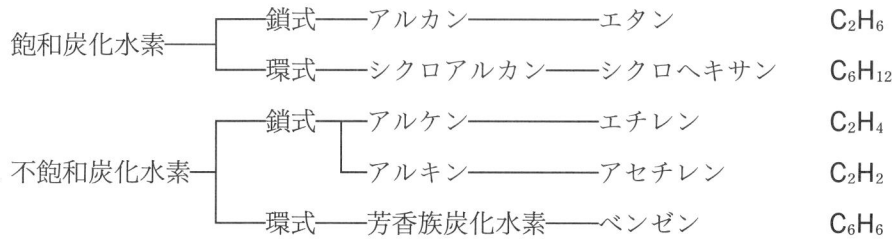

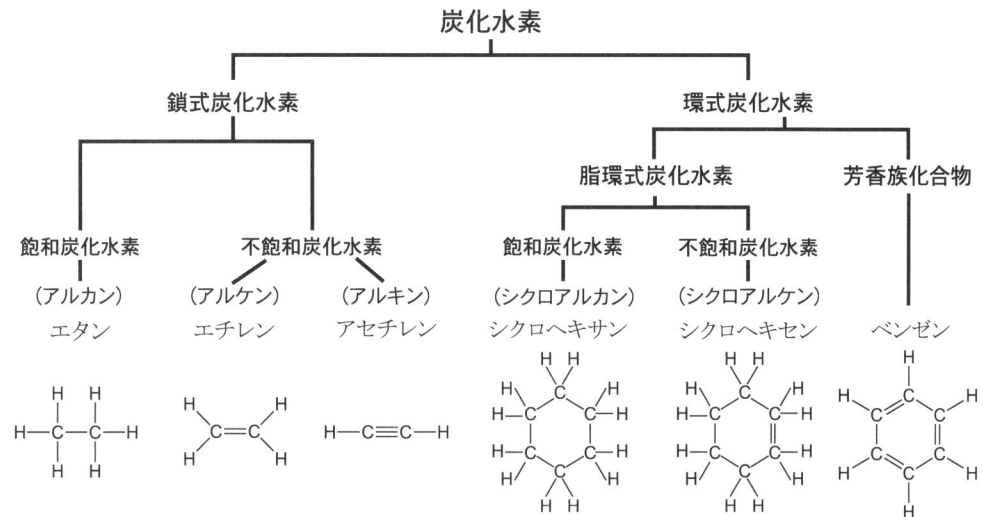

基：有機化合物の部分構造をつくっている原子団を**基**という。炭素原子と水素原子のみで構成される基を**炭化水素基**といい，R－と表される。アルカンから水素原子を一個とりのぞいたものを**アルキル基**という。また有機化合物のおおよその特徴を決める原子団を**官能基**という。官能基により有機化合物は分類される。

炭化水素基

	名称	化学式
アルキル基	メチル基	CH_3-
	エチル基	CH_3CH_2-
	プロピル基	$CH_3CH_2CH_2-$
	イソプロピル基	CH_3CHCH_3 の下に縦棒
	ビニル基	$CH_2=CH-$
	フェニル基	C_6H_5-

官能基の例

（R－，R′－は炭化水素基）

官能基	一般名と一般式	化合物の例
ヒドロキシ基 $-OH$	アルコール $R-OH$ フェノール類 $R-OH$	メタノール CH_3-OH フェノール C_6H_5-OH
エーテル結合(基) $-O-$	エーテル $R-O-R'$	ジエチルエーテル $C_2H_5-O-C_2H_5$
アルデヒド基 $-CHO$	アルデヒド $R-CHO$	アセトアルデヒド CH_3-CHO
カルボニル基 $-CO-$	ケトン $R-CO-R'$	アセトン $CH_3-CO-CH_3$
カルボキシル基 $-COOH$	カルボン酸 $R-COOH$	酢酸 CH_3-COOH
エステル結合(基) $-COO-$	エステル $R-COO-R'$	酢酸エチル $CH_3-COO-C_2H_5$
ニトロ基 $-NO_2$	ニトロ化合物 $R-NO_2$	ニトロベンゼン $C_6H_5-NO_2$
アミノ基 $-NH_2$	アミン $R-NH_2$	アニリン $C_6H_5-NH_2$
スルホ基 $-SO_3H$	スルホン酸 $R-SO_3H$	ベンゼンスルホン酸 $C_6H_5-SO_3H$

【有機化合物の反応】

●置換反応

分子中の原子や原子団（基）が他の原子や原子団（基）に置き換わる反応を**置換反応**という。アルカンで起こりやすく，その場合は炭素原子に結合した水素を，他の原子や原子団（基）に置き換える。

●付加反応

二重結合や三重結合などの不飽和結合している炭素原子に，不飽和結合が切れて水素・ハロゲン化水素・水・ハロゲンなどの原子や原子団が結合する反応を**付加反応**という。

●重合反応

触媒を用いて物質を反応させると遊離基（対になっていない電子を1個含む化合物）が生じる。これが二重結合に付加して始まる反応を**重合反応**という。この反応で新たな遊離基が生じ，また二重結合に付加する。この反応は連鎖的に進行し，重合反応が完成し，高分子化合物を生成する。

●その他の反応

脱離反応：有機化合物の分子から，2個の原子，簡単な分子が出て行く反応。
脱水反応：物質から水を取り除く反応。脱離反応の一種。
縮合反応：2分子の官能基から水などがとれて，2分子が結合し，新しい化合物をつくる反応。また，縮合によって高分子化合物をつくる反応を縮合重合（縮重合）という。

【構造式と異性体（光学異性体）】

原子と原子の結合を一本の線であらわした化学式を，**構造式**という。結合をあらわす線を**価標**という。1本の価標で表せる共有結合を単結合，2本の線で表せる共有結合を二重結合，3本の線で表せる共有結合を三重結合という。構造式は，分子中の原子間の結合を平面的に示していて，実際の分子の形を示すものではない。

価標：共有結合で共有されている2個の電子を表す時に使う線。この時の価標の数を原子の原子価という。

分子式が同じでも性質の異なる化合物を**異性体**という。有機化合物は共有結合の種類やそのつながり方でいろいろな構造体をとることができるため，ほとんどの有機化合物には，異性

構造異性体

分類	炭素骨格の構造が異なる		原子の位置が異なる	
分子式	C_4H_{10}		C_2H_6O	
構造式	H-C-C-C-C-H (各Hつき)	H-C-C-C-H (中央にCH)	H-C-C-OH	H-C-O-C-H
名称	ブタン	2-メチルプロパン	エタノール	ジメチルエーテル

体が存在する。分子式が同じでも構造式が異なる異性体を，**構造異性体**という。

光学異性体：4種類の異なる原子や原子団が1個の炭素原子に結合している時，この炭素原子を，不斉炭素原子という。不斉炭素原子を正四面体の中心に置いて立体構造を考えると，2種類の異性体が存在する。この関係は，左手と右手のような関係になっていて，一方は他方の虚像になっている。両者の性質はほぼ等しく，光学的性質が異なるので，互いに光学異性体とよばれている。

【脂肪（油脂）族】

脂肪（油脂）は，3価アルコールであるグリセリン $HOCH_2CH(OH)CH_2OH$ と，4～20個の偶数の炭素数をもつ3個のカルボン酸とのエステルである。脂肪酸とは，カルボキシル基 $-COOH$ を1つもつ鎖式の化合物のカルボン酸（→ p.23）である。炭化水素基が単結合だけのものを**飽和脂肪酸**という。飽和脂肪酸 $C_nH_{2n+1}COOH$ とグリセリンとのエステルは，室温では固体で，脂肪という。動物の皮下脂肪などに含まれる。

炭素間に二重結合をもつものを**不飽和脂肪酸**という。不飽和脂肪酸 $C_nH_{2n-2m+1}COOH$（m は含まれる二重結合の数）を多く含むグリセリンのエステルは，室温では液体で，脂肪油という。植物油の主成分である。脂肪（油脂）にアルカリを作用させると加水分解がおこり，水溶性のグリセリンと，白色固体の脂肪酸ナトリウム塩がえられる。炭素数の多い脂肪酸を高級脂肪酸，少ない脂肪酸を低級脂肪酸という。

エステル：カルボン酸とヒドロキシ基を持つアルコールの2つの分子から水分子が取れて生成する。この反応をエステル化という。また，エステルに少量の酸を加え加熱すると，カル

ボン酸とアルコールにもどる。この反応をエステルの加水分解という。

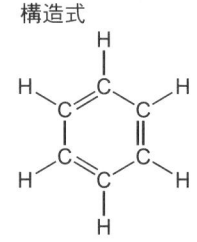

油脂　　　　　　　グリセリン　脂肪酸のナトリウム塩

【芳香族】

芳香族炭化水素：ベンゼン C_6H_6 は6個の炭素原子が正六角形の環状に結合し，それぞれの炭素原子に水素原子が1個ずつ結合した化合物である。ベンゼンの環状構造をベンゼン環という。ベンゼンの構造式は略記することができる。ベンゼン環をもつ炭化水素，ベンゼン，トルエン $C_6H_5CH_3$，キシレン $C_6H_4(CH_3)_2$，ナフタレン $C_{10}H_8$ などを**芳香族炭化水素**という。ベンゼンは不飽和炭化水素だが，アルケン C_nH_{2n} やアルキン C_nH_{2n-2} などと違って反応性が低く，付加反応より置換反応を起こしやすい。芳香族炭化水素とその置換体をまとめて，**芳香族化合物**という。

ベンゼン環

構造式　　　　　　　略記号例

芳香族炭化水素の例

名称	分子式	融点（℃）	沸点（℃）	用途
ベンゼン	C_6H_6	5.5	80	溶媒，合成原料
トルエン	$C_6H_5CH_3$	−95	111	溶媒，シンナー主成分
ナフタレン	$C_{10}H_8$	81	218	合成染料の原料

置換体：ある化合物の水素原子をほかの原子または原子団で置き換えた構造の化合物をもとの化合物の置換体といい，置き換わった原子や原子団を置換基という。ブロモベンゼンやニトロベンゼンなどは，ベンゼンの置換体である。

ベンゼンの置換化合物では，結合する基の位置の違いによって名称が変わる。ベンゼンの二置換体では，基準となる置換基Xの両隣を o-（オルト）異性体，o-の隣を m-（メタ）異性体，Xの反対側を p-（パラ）異性体という。

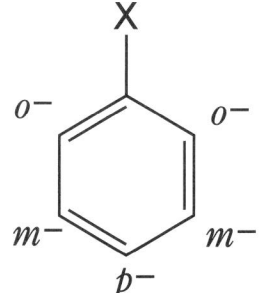

キシレン：キシレンは、ベンゼン環の水素原子のうち2つがメチル基−CH₃で置換されたものである。メチル基の位置の違いによって、o-キシレン、m-キシレン、p-キシレンの三種類の異性体が存在する。

o-キシレン　　　　m-キシレン　　　　p-キシレン

【芳香族カルボン酸】

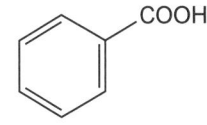

安息香酸

ベンゼン環の炭素原子に、カルボキシル基−COOHが直接結合した化合物を、芳香族カルボン酸という。安息香酸 C_6H_5COOH は、青色リトマス紙を赤く変える。

サリチル酸 $o\text{-}C_6H_4(OH)COOH$ は、ベンゼン環にカルボキシル基とヒドロキシ基をもつ。

【アルコール】

アルカンの水素原子1個が−OH基（ヒドロキシ基）で置換された構造の化合物を**アルコール**という。一般式は、$C_nH_{2n+1}OH$（アルキル基＋ヒドロキシ基）⟶ R−OH

分子中のヒドロキシ基の数により、一価・二価・三価アルコールに分類される。ヒドロキシ基の結合している炭素原子に、他の炭素原子が0または1個結合している場合を**第一級アルコール**、2個結合している場合を**第二級アルコール**、3個結合している場合を**第三級アルコール**という。

アルコールは、無色で特有のにおいがある。分子中に炭素数の少ないアルコールは水に溶けやすい。ヒドロキシ基−OHは電離しないので、水溶液は中性。ナトリウムと反応して水素を発生する。

−OHの数による分類

価数	名称と示性式		沸点（℃）	水に対する溶解度
一価	メタノール	CH_3OH	65	∞
	エタノール	CH_3CH_2OH	78	∞
	1-プロパノール	$CH_3CH_2CH_2OH$	97	∞
	2-プロパノール	$(CH_3)_2CHOH$	82	∞
	1-ブタノール	$CH_3(CH_2)_3OH$	117	7.4
	2-ブタノール	$CH_3CH(OH)C_2H_5$	99	12.5
二価	エチレングリコール	$C_2H_4(OH)_2$	198	∞
三価	グリセリン	$C_3H_5(OH)_3$	154（減圧下）	∞

−OH が結合している炭素原子（C）の違いによる分類（R，R′，R″ は炭化水素基）

分類	構造	アルコールの例	アルコールの名称
第一級アルコール	$\text{R}-\overset{\text{H}}{\underset{\text{H}}{\text{C}}}-\text{OH}$	$\text{CH}_3\text{CH}-\text{CH}_2-\text{OH}$ 　　$\mid$ 　CH_3	2-メチル-1-プロパノール
第二級アルコール	$\text{R}-\overset{\text{R'}}{\underset{\text{H}}{\text{C}}}-\text{OH}$	$\text{CH}_3\text{CH}_2-\overset{\text{CH}_3}{\underset{\text{H}}{\text{C}}}-\text{OH}$	2-ブタノール
第三級アルコール	$\text{R}-\overset{\text{R'}}{\underset{\text{R''}}{\text{C}}}-\text{OH}$	$\text{CH}_3-\overset{\text{CH}_3}{\underset{\text{CH}_3}{\text{C}}}-\text{OH}$	2-メチル-2-プロパノール

アルコールはさまざまな反応を示す。

置換反応：−OH 基の H は Na と，−OH 基はハロゲンと置換反応をおこす。

酸化（脱水素反応）：アルコールを酸化すると第一級アルコールはアルデヒドを，第二級アルコールはケトンを生成する。第三級アルコールは酸化されにくい。

脱水反応：脱水剤とともに加熱すると分子間脱水してエーテルが生成する。さらに温度を上げると，分子内脱水してアルケンを生成する。

　例：$\text{C}_2\text{H}_5-\text{O}-\text{C}_2\text{H}_2$ ⟵ $\text{CH}_3-\text{CH}_2-\text{OH}$ ⟶ $\text{CH}_2=\text{CH}_2$

エステル化：カルボン酸との脱水縮合によりエステルを生じる。

【エーテル】

酸素原子に 2 個の炭化水素基が結合した化合物を**エーテル**という。ジエチルエーテル $\text{C}_2\text{H}_5-\text{O}-\text{C}_2\text{H}_5$ は単にエーテルともよばれる液体で，揮発しやすく，水に溶けにくく水よりも軽いが，有機化合物をよく溶かす。ジエチルエーテルは縮合反応を起こす。一般式は R−O−R′。金属ナトリウム，塩基とは反応しない。アルコールと異性体であるが，一般に同一分子式で表されるアルコールよりも沸点がはるかに低い。

【アルデヒド】

アルカンの水素原子 1 個がアルデヒド基（−CHO）によって置換された構造（炭化水素＋アルデヒド基）をもつ化合物を**アルデヒド**という。アルコールを酸化して得られる。銅線を加熱して，メタノールに入れるか空気中でメタノール蒸気に

ホルムアルデヒド　　アセトアルデヒド

触れさせると，刺激臭がしてくる。これは，メタノールが酸化されホルムアルデヒド HCHO が生成したためである。約 37 ％の濃度のホルムアルデヒド水溶液をホルマリンという。

ホルムアルデヒド水溶液をアンモニア性硝酸銀水溶液 $[Ag(NH_3)_2]^+$ に加えると銀が析出し，容器の壁が鏡のようになる。これを銀鏡反応という。この反応はアルデヒド基の還元性によっておこる。

$$HCHO + 2[Ag(NH_3)_2]^+ + 2\,OH^- \longrightarrow HCOOH + 2\,Ag + 4\,NH_3 + H_2O$$

フェーリング液の反応も同様である。エタノール CH_3CH_2OH の酸化で得られるアセトアルデヒド CH_3CHO もアルデヒドで，触媒を使ってエチレン C_2H_4 を酸化することにより作られる。

フェーリング液：A液：硫酸銅(Ⅱ)水溶液とB液：酒石酸ナトリウムカリウムと水酸化ナトリウム水溶液を同量ずつ混合した試薬溶液で，使用直前に混合する。

【ケトン】

2個の炭化水素基がケトン基（カルボニル基）で結合された構造をもつ化合物を**ケトン**という。還元性がなく，銀鏡反応やフェーリング反応も示さない。水によく溶け，有機物質をよく溶かす。代表的なケトンであるアセトン CH_3COCH_3 は，特有の臭いのある揮発性の液体である。アセトンは 2-プロパノール $(CH_3)_2CHOH$ を酸化すると得られる。

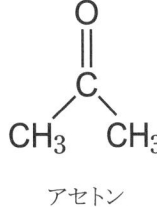

アセトン

【カルボン酸】

分子中にカルボキシル基 -COOH をもつ化合物を**カルボン酸**という。-COOH が水素イオンを電離するので弱い酸性を示す。1分子中に含まれる -COOH の数で1価カルボン酸，2価カルボン酸などに分類する。

一価（モノ）カルボン酸はカルボキシル基1個で酢酸 CH_3COOH が代表的である。

二価（ジ）カルボン酸はカルボキシル基2個でシュウ酸 $C_2H_2O_4$ が代表的である。また，鎖状の一価のカルボン酸を特に脂肪酸といい，カルボキシル基がベンゼン環に結合したものを芳香族カルボン酸という。また -OH をもつカルボン酸をヒドロキシ酸という。

【フェノール】

ベンゼンの水素原子1個をヒドロキシ基で置き換えた化合物をフェノール C_6H_5OH という。フェノールは特有のにおいをもつ結晶体で，水には少ししか溶けないが，水酸化ナトリウム水溶液には，塩を作って溶ける。これは，フェノールのヒドロキシ基がアルコールのヒドロキシ基と異なり，弱い酸性だからである。

フェノールのように，ベンゼン環にヒドロキシ基がついた芳香族化合物を一般に**フェノール類**という。フェノール類に塩化鉄の水溶液を加えると，青や紫など特有の色を示す。この反応はフェノール類の検出反応に利用される。フェノールは医薬・染料・フェノール樹脂などの原料となる。

フェノール類の例

名称	フェノール	o-クレゾール	m-クレゾール	p-クレゾール
構造式				
融点(℃)	41	31	12	35
沸点(℃)	182	191	203	202

【油脂と洗剤】

セッケン：セッケンの炭化水素基は親油性（疎水性）で，$-COONa$ の部分は親水性である。油脂にアルカリを作用させるとけん化が起こり，脂肪酸の塩とグリセリンに分解され，その時にできた塩がセッケンである。疎水性の炭化水素基と，親水性のカルボン酸イオンの部分からできている。水によく溶ける。水溶液の一部は加水分解し，弱塩基性を示す。

$$RCOO^- + H_2O \rightleftarrows RCOOH + OH^-$$

油脂や石油は，水に溶けないが，セッケン水に入れて振るとセッケン分子が油をとりかこんで油滴にし，水中に分散させる。この現象を乳化という。水中にセッケンを溶かすと，水の表面張力が落ちる。カルシウムイオン Ca^{2+} やマグネシウムイオン Mg^{2+} などを含む水（硬水）の中では，水に不溶な塩をつくるため，洗浄能力を失う。

合成洗剤：硫酸アルキルナトリウム $R-OSO_3^-Na^+$ （R はアルキル基）やアルキルベンゼンスルホン酸ナトリウム $R-C_6H_4-SO_3^-Na^+$ などの強酸性物質のナトリウム塩でできている。セッケンと同じように親油性と疎水性の部分を持つ水溶液は中性を示す。セッケンとは異なり，カルシウムイオン Ca^{2+} やマグネシウムイオン Mg^{2+} などと不溶物をつくらず，硬水でも使え浄化作用が強い。

(3) 窒素を含む化合物

【アミン】

アンモニア分子中の水素原子を炭化水素基で置換した化合物を**アミン**という。置換数により第一級アミン，第二級アミン，第三級アミンに分けられる。低級脂肪族アミンは動植物の腐敗によって生じる。アンモニアに似て弱塩基性を示す。また，低級なものは，アンモニアに似た臭気をもち，水に溶けやすい。亜硝酸に対する反応は第一級，第二級，第三級アミンでそれぞれ異なる。

	亜硝酸との反応
第一級アミン	$RNH_2 + HNO_2 \longrightarrow ROH + N_2 + H_2O$ 脂肪族　　　　　　　　アルコール $ArNH_2 + HCl + HNO_2 \longrightarrow ArN_2^+Cl^- + 2H_2O$ 芳香族　　　　　　　　　　　　ジアゾニウム
第二級アミン	$R_2NH + HNO_2 \longrightarrow R_2N \cdot NO + H_2O$ 　　　　　　　　　　　ニトロソアミン
第三級アミン	反応しない

【芳香族アミン】

アンモニア分子 NH_3 の中の水素原子を炭化水素基で置換したものを**芳香族アミン**といい，ベンゼン環以外の炭化水素基で置換したものを**脂肪族アミン**という。芳香族アミンの代表的なものに**アニリン** $C_6H_5NH_2$ がある。ニトロベンゼンを鉄と塩酸またはスズと塩酸で還元すると得られる。アニリンは，無色で刺激臭がある油状の液体で，二クロム酸カリウム水溶液などで酸化させると黒色染料が生じる。酸と反応してアニリン塩酸塩と反応し，脱水縮合してアセトアニリドが生じる。酸と反応して塩をつくるが，非常に弱い塩基である。

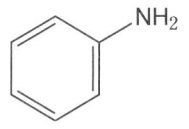
アニリン

$$\text{ニトロベンゼン} \xrightarrow[\text{還元剤から}]{(+\ 6H)} \text{アニリン} + 2H_2O$$

アニリンの塩酸酸性溶液に，5℃以下で亜硝酸ナトリウムを反応させると，ジアゾニウム塩水溶液が得られる。ジアゾニウム塩が得られる反応を**ジアゾ化**という。ジアゾニウム塩は反応性にとみ，フェノール類と作用させると一種の置換反応がおこり，アゾ基－N＝N－をもつ染料が得られる。

塩化ベンゼンジアゾニウム水溶液をナトリウムフェノキシド水溶液に加えると，橙赤色の p-ヒドロキシアゾベンゼン（p-フェニルアゾフェノール）が生じる。（ジアゾカップリング）

塩化ベンゼンジアゾニウム　ナトリウムフェノキシド　　p-ヒドロキシアゾベンゼン

【芳香族ニトロ化合物】

　炭化水素の炭素原子に直接ニトロ基のついている化合物を**ニトロ化合物**という。芳香族化合物をニトロ化するには，濃硫酸と濃硝酸との混合液を反応させる。

　トルエンやフェノールは，ベンゼンよりもニトロ化を受けやすく，十分な量の試薬を反応させると3個のニトロ基が入る。ニトロ基の入る位置は，それぞれ，トルエンのメチル基，フェノールのヒドロキシ基に対してオルト（$o-$）またはパラ（$p-$）の位置であり，メタ（$m-$）の位置には入らない。トリニトロトルエン（TNT），ピクリン酸は，いずれも爆薬として用いられる。

ベンゼン + HNO_3 $\xrightarrow{H_2SO_4}$ ニトロベンゼン + H_2O

トルエン + $3HNO_3$ $\xrightarrow{H_2SO_4}$ TNT + $3H_2O$

フェノール + $3HNO_3$ $\xrightarrow{H_2SO_4}$ ピクリン酸 + $3H_2O$

【アミノ酸】

　1つの分子中にカルボキシル基−COOHとアミノ基−NH₂をもつ化合物を**アミノ酸**という。カルボキシル基とアミノ基が同じ炭素原子に結合しているアミノ酸を，α-アミノ酸という。アミノ酸は無色の結晶で水に溶けるものが多い。タンパク質を希酸で加水分解すると，α-アミノ酸が得られる。

　カルボキシル基−COOHは酸性を，アミノ基−NH₂は塩基性を示すので，アミノ酸は酸と塩基の両方の性質を示す両性化合物である。結晶中では，酸性の−COOHが塩基性の−NH₂に水素イオンH^+を与えて中和した構造になっている。そのため，分子内に−COO⁻と−NH₃⁺の両方のイオンを生じるので，双性イオンという。アミノ酸の水溶液を酸性にすると，H^+によって双生イオンの−COO⁻が−COOHに変わり，陽イオンになる。逆に，塩基性にすると，OH^-によって−NH₃⁺が−NH₂に変わり，陰イオンになる。

　2個のアミノ酸分子の間で，一方の分子の−COOHと他方の分子の−NH₂の部分で脱水縮合してできる結合−CONH−をペプチド結合といい，できた化合物をジペプチドという。

　多数のアミノ酸分子が次々とペプチド結合によってつながったものをポリペプチドという。タンパク質は，ポリペプチドの構造をもつ鎖状高分子化合物で，生物体を構成する主要な部分である。

芳香族化合物の相互関係

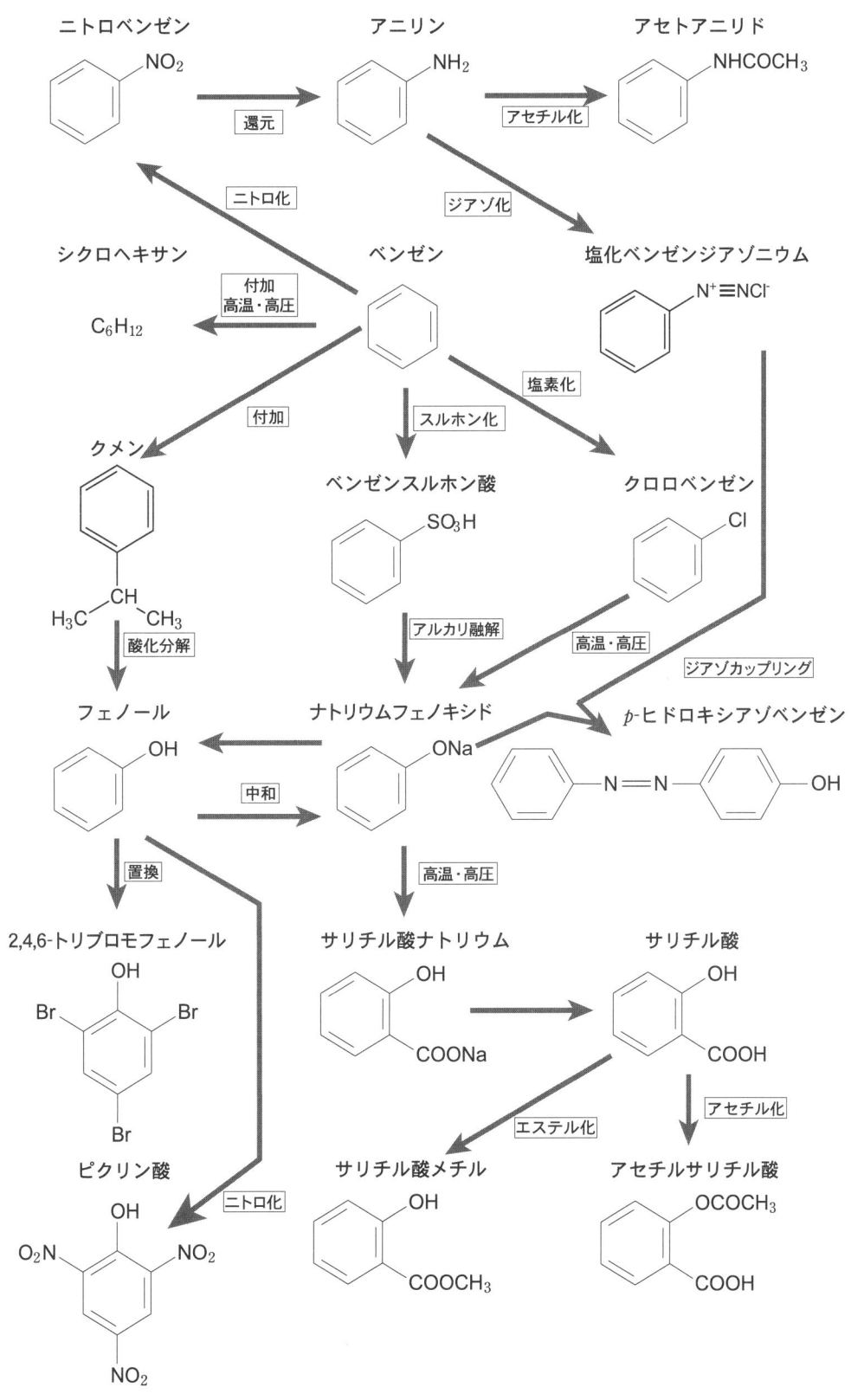

3 合成高分子化合物

合成高分子化合物とは，人工的に合成した，分子量が一万を超える化合物のことである。
モノマー（単量体）：高分子化合物を合成する構成単位となる低分子量の物質。
ポリマー（重合体）：モノマーが結合し，生成する化合物。
重合：モノマーが繰り返し結合してポリマーを生成する反応。付加反応による重合を付加重合という。

【ポリエチレン】

合成高分子化合物のうち，樹脂状のものを合成樹脂（ポリエチレン）という。エチレンを触媒を用いて繰り返し付加反応させて作られる。

$$-\!\!\!\left[CH_2-CH_2\right]\!\!\!-_n$$

ポリエチレン

【ポリプロピレン】

プロピレンを重合させてつくられるポリマーである。天然ガスや石油精製の廃ガスを分解してつくられる。ポリプロピレンを作る際の基本的な触媒であるチーグラー・ナッタ触媒を用いて得られる規則的な立体構造の重合体は，合成繊維として利用される。

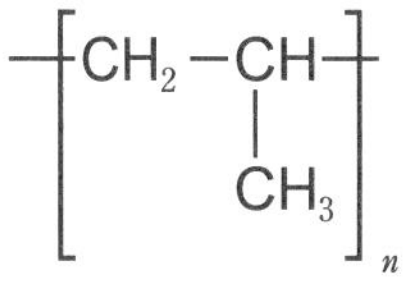

$$\left[\begin{array}{c}CH_2-CH\\ CH_3\end{array}\right]_n$$

ポリプロピレン

【ポリアクリロニトリル】

ポリアクリロニトリルは，工業的には，プロピレン C_3H_6 とアンモニア NH_3 からアクリロニトリル $CH_2=CHCN$ をつくり，水で乳化し，重合させる。有機溶剤にはほとんど溶けない。他のビニル化合物とともに共重合体として使用されることが多い。

$$\left[\begin{array}{c} CH_2-CH \\ | \\ CN \end{array} \right]_n$$

ポリアクリロニトリル

【ポリ塩化ビニル】

エチレン C_2H_4 に塩素 Cl_2 を付加させ生じた 1, 2-ジクロロエタン CH_2ClCH_2Cl を加熱するとポリ塩化ビニルになる。ポリ塩化ビニルは，分子間力（→ p.73）が強く，常温では硬いプラスチックだが熱に弱い。塩化ビニルを付加重合させるとポリ塩化ビニルが生成する。

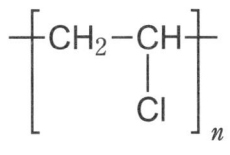

$$\left[\begin{array}{c} CH_2-CH \\ | \\ Cl \end{array} \right]_n$$

ポリ塩化ビニル

【ポリ酢酸ビニル】

アセチレンに酢酸 CH_3COOH を付加してつくった酢酸ビニルを付加重合させ生成する。酢酸エチル $CH_3COOC_2H_5$・アセトン CH_3COCH_3・ベンゼン C_6H_6 などに溶ける。けん化してポリビニルアルコールが得られる。繊維として重要である。水には溶けないが乳化状態にして水に分散させると，水素結合により，木材を接着させるので接着剤などに使う。

$$\left[\begin{array}{c} CH_2-CH- \\ | \\ OCOCH_3 \end{array} \right]_n$$

ポリ酢酸ビニル

【ポリエステル】

　テレフタル酸（p-キシレンを酸化すると生じる）とエチレングリコールを縮合重合させると，ポリエチレンテレフタレート（ポリエステル）ができる。ポリエチレンテレフタレートは光や熱に安定で強度も高いので，繊維やビデオテープなどとして使用される。

$$HO\left[-C-\underset{O}{\underset{\|}{}}-\bigcirc-\underset{O}{\underset{\|}{C}}-O-CH_2-CH_2-O\right]_n H$$

ポリエチレンテレフタラート

【ナイロン】

　アジピン酸とヘキサメチレンジアミンを繰り返し縮合させると，水分子が次々に取れて，6,6-ナイロンを生成する。6,6-ナイロンのように，多くのアミド結合をもつ合成繊維をポリアミド系繊維，またはナイロンとよんでいる。

　6,6-とは原料のアジピン酸とヘキサメチレンジアミンが，それぞれ分子内にもつ炭素の数が6であることに由来する。

　また ε-カプロラクタムを開環重合することにより，6-ナイロンが作られる。

アミド結合：−CO−NH−の一般的な名称で，タンパク質ではとくにペプチド結合という。

開環重合：環状化合物の環構造が解かれ，鎖状の高分子ができる重合。

$$n\left[\begin{array}{c}CH_2-CH_2-NH\\H_2C\\CH_2-CH_2-C=O\end{array}\right] \longrightarrow \left[-NH-(CH_2)_5-CO-\right]_n$$

ε-カプロラクタム　　　　　　　　　　　　　6-ナイロン

$$n\text{HOOC}-(CH_2)_4-\text{COOH} + n\text{H}_2\text{N}-(CH_2)_6-\text{NH}_2$$

アジピン酸　　　　　　　　ヘキサメチレンジアミン

$$\longrightarrow \text{HO}\left[-CO-(CH_2)_4-CO-NH-(CH_2)_6-NH-\right]_n H + (2n-1)H_2O$$

6,6-ナイロン

第1章　練習問題

問1　物質①〜⑩を，単体，化合物，混合物に分けなさい。

① ダイヤモンド　② 二酸化イオウ　③ 空気　④ 石油　⑤ 食塩
⑥ イオウ　　　　⑦ 海水　　　　　⑧ オゾン　⑨ 水　　⑩ 鉄

問2　(1)〜(4)の化学式を，次の①〜⑤の中から選びなさい。

(1) 塩素　(2) 塩化カリウム　(3) アンモニア　(4) 硫酸ナトリウム　(5) 二酸化硫黄

① KCl　　② NH_3　　③ SO_2　　④ Cl_2　　⑤ Na_2SO_4

問3　(1)〜(3)にあてはまるものを全て，次の①〜⑧から選びなさい。

(1) 塩化ナトリウム　(2) ダイヤモンド　(3) ヘリウム　(4) 銀

① 電気をよく通す。
② 固体では電気を通さないが，高温にして液体にすると電気を通す。
③ 沸点・融点が非常に低い。
④ 極めて硬く，融点が低い。
⑤ 共有結合の結晶。
⑥ イオン結晶。
⑦ 金属の結晶。
⑧ 分子結晶。

問4　(1)〜(5)にあてはまる語を，次の①〜④から選びなさい。

陽子の数＋(1)＝(2)
陽子の数＝(3)＝(4)

① 中性子の数　② 電子の数　③ 質量数　④ 原子番号

問 5　次の(1)〜(4)のイオンの電子数を，①もしくは②から選びなさい。

(1) Na⁺　　(2) Cl⁻　　(3) OH⁻　　(4) NH₄⁺

① 10　　② 18

問 6　(1)〜(6)の炎色反応の色を，次の①〜⑥から選びなさい。

(1) Li　　(2) Na　　(3) K　　(4) Ca　　(5) Sr　　(6) Ba

① 橙赤　　② 深赤　　③ 赤紫　　④ 黄　　⑤ 黄緑　　⑥ 赤

問 7　周期表の(1)〜(7)にあてはまる元素を，次の①〜⑦から選びなさい。

族	1	2	13	14	15	16	17	18
1	H							He
2	Li	(1)	(2)	C	N	O	(3)	Ne
3	(4)	Mg	(5)	(6)	P	S	Cl	(7)

① F　　② Al　　③ Be　　④ Si
⑤ Ar　　⑥ B　　⑦ Na

問8　(1)～(5)の油脂の化学式を，次の①～⑤から選びなさい。

(1) リノレン酸　　　　　　　(2) リノール酸
(3) オレイン酸　　　　　　　(4) パルミチン酸
(5) ステアリン酸

① $C_{17}H_{35}COOH$
② $C_{17}H_{31}COOH$
③ $C_{15}H_{31}COOH$
④ $C_{17}H_{33}COOH$
⑤ $C_{17}H_{29}COOH$

問9　(1)～(4)の芳香族化合物の名称を，次の①～④から選びなさい。

① サリチル酸　② アニリン　③ フェノール（石炭酸）　④ ニトロベンゼン

問10　(1)～(6)の構造式名を，次の①～⑥から選びなさい。

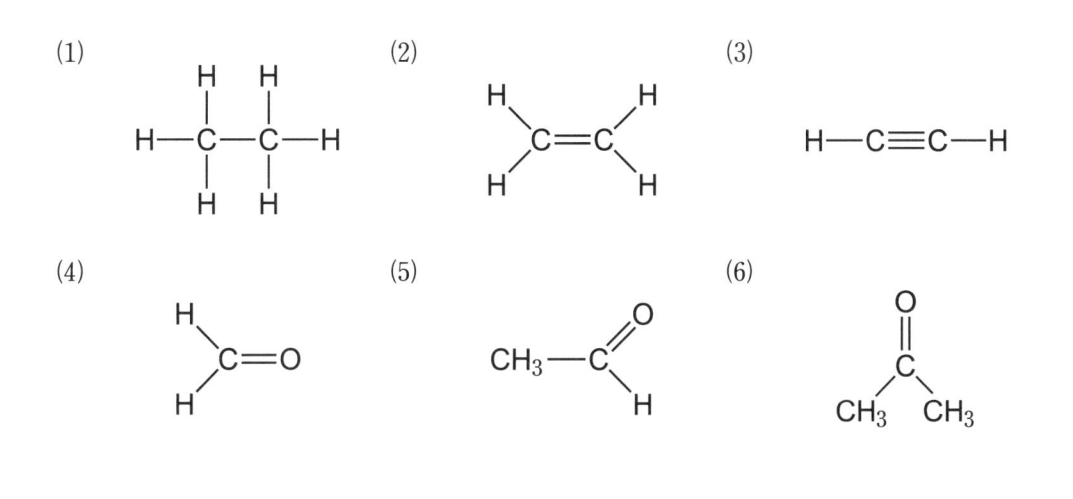

① アセトン　　　　② ホルムアルデヒド　　③ アセトアルデヒド
④ アセチレン　　　⑤ エタン　　　　　　　⑥ エチレン

問11 表の(1)〜(8)にあてはまる有機化合物を，次の①〜⑦から全て選びなさい。

一価アルコール —OH	(1)	第一級アルコール 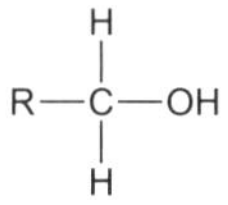 R—CH₂—OH	(4)
二価アルコール —OH	(2)	第二級アルコール 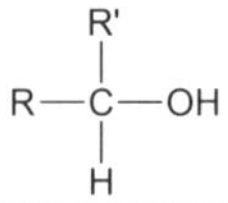 R—CH(R')—OH	(5)
三価アルコール —OH	(3)	第三級アルコール 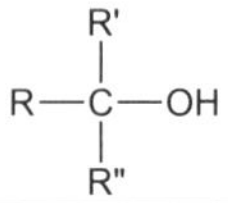 R—C(R')(R'')—OH	(6)

①　(CH₃)₂CH–OH

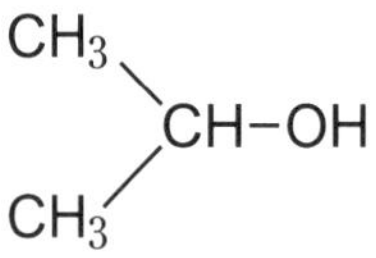

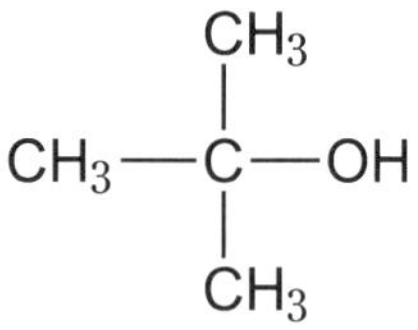

②　(CH₃)₃C–OH

③　CH₂–OH / CH–OH / CH₂–OH

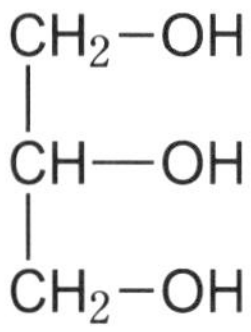

④　C_2H_5OH

⑤　CH_3OH

⑥　$CH_3(CH_2)_2OH$

⑦　CH₂–OH / CH₂–OH

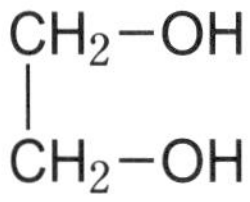

問12 (1)〜(4)のけん化式に適するものを，次の①〜④から選びなさい。

$CH_3COOH_2C_2H_3 + NaOH \longrightarrow$ (1)+(2)

$C_3H_5(OCOR)_3 + 3\,NaOH \longrightarrow$ (3)+(4)

① CH_3COONa　② $C_3H_5(OH)_3$　③ $HOCH_2CH_3$　④ $3\,RCOONa$

問13 (1)〜(5)のカルボキシル基を持つ物質またはエステル基を持つ物質の名称を，次の①〜⑤から選びなさい。

(1) $C_{15}H_{31}COOH$

(2) $C_{17}H_{35}COOH$

(3) $HCOOH$

(4) CH_3COOH

(5) $C_3H_7COOC_2H_5$

① 酢酸　② パルミチン酸　③ ギ酸　④ ステアリン酸　⑤ 酪酸エチル

問14 分子式 C_3H_8O（鎖状炭化水素の水素原子を，ヒドロキシ基—OH で置換した化合物）について，(1)〜(3)にあてはまるものを次の①〜③から選びなさい。

(1) 金属ナトリウムと反応して水素を発生する。
(2) 酸化すると銀鏡反応を示す。
(3) (2)をさらに酸化すると弱酸性を示す。

① カルボン酸　　② アルコール　　③ アルデヒド

問15 水酸化亜鉛 $Zn(OH)_2$，水酸化鉛 $Pb(OH)_2$ に，それぞれ塩酸 HCl，水酸化ナトリウム NaOH を作用させた時の反応式を書きなさい。

問16 アンモニア NH_3 を酸化して，アンモニアがすべて硝酸 HNO_3 になるまでの化学式を書きなさい。硝酸は，白金触媒を用いてアンモニアを空気酸化させて一酸化窒素にし，さらにそれを空気酸化させて得られた二酸化窒素を水に吸収させて作られる。

問17 過酸化水素を構成する原子の質量比は，水素原子 5.90 %，酸素原子 94.1 % である。過酸化水素分子 1 mol は，34.0 g である。この過酸化水素の組成式と分子式を書きなさい。（H＝1.01, O＝16.0 とする）

第 2 章
物質の状態

1 純物質

物質には，p.7で述べたように**純物質**と，2種類以上の純物質が混じりあった**混合物**がある。混合物から純物質を取り出すことを分離，取り出した純物質の純度を上げることを精製という。物質の分離・精製には以下に示すような方法がある。

ろ過（主に液体から固体を，ろ紙などを用いて分離する操作），**抽出**（混合物から特定の成分だけを液体中に溶かして，分離する方法），**分留**（2種類以上の液体の混合物を蒸留し，分離する方法），**クロマトグラフィー**（物質の吸着力の違いを利用して，分離や精製などをおこなう方法），**蒸留**（液体を熱していったん水蒸気などの気体にして，これを冷やして液体を得る方法），**昇華**（固体から直接気体になる現象や，その逆の現象），**再結晶**（飽和水溶液を冷却して液体に溶けきれない固体を取り出す方法）。

(1) 物質の三態

気体，液体，固体の3種類の状態を**物質の三態**という。気体を構成する原子・分子イオンなどの粒子は，粒子間の距離が大きく，空間を自由に飛びまわっている。気体は，体積・形が一定せず密度も小さい。

液体を構成する粒子は，その位置を自由に変えられる。液体には流動性があり，形は一定しない。粒子間に働く引力は気体に比べて強い。粒子間の距離は気体の時の約10分の1となる。

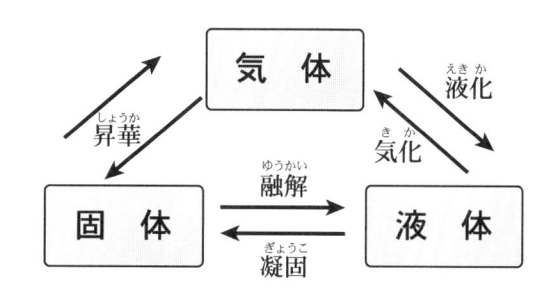

固体を構成する粒子は，互いに強く結合し，規則的な配列になっている。一定の形を示す。

熱運動：物質を構成する粒子がしている運動を**熱運動**という。気体では温度が高くなると運動速度が速くなる。

気体の圧力：気体の粒子は他の粒子や壁などに衝突している。この力が気体の圧力である。

圧力の単位はPa（パスカル）で，1パスカルは，1m²の面積につき1ニュートン（N）の力が作用する圧力である。気象では，ヘクトパスカル（hPa）を用いる。1hPa＝100Paである。

大気圧：地球をおおう空気の圧力を**大気圧**という。海面での大気圧を1気圧として，標準大気圧としている。単位はatmである。また，1atm＝$1.01×10^5$Paである。

(2) 融解，蒸発と融点，沸点

固体から液体への変化を**融解**といい，液体から固体への変化を**凝固**という。融解も凝固も一定の圧力の時，決まった温度で起こる。

融解する温度を**融点**，凝固する温度を**凝固点**という。同じ物質では，融点と凝固点は同じ温度になる。

液体から気体への変化を**蒸発**という。気体から液体への変化を**凝縮**という。固体から直接気体になる変化および気体から直接固体になる変化を**昇華**という。

液体を加熱して温度を上げると，蒸気が示す圧力（蒸気圧）が大きくなり，やがて大気圧と等しくなる。その時，液面と共に液体内部からも蒸気が発生して，液体が激しく蒸発する。この現象を**沸騰**という。その時の温度を**沸点**という。蒸気圧の大きい物質は，より低温で蒸気圧と外圧が等しくなるので，沸点が低い。同一物質でも，大気圧が低くなると，より低い温度で蒸気圧と外圧が等しくなるので，沸点が低くなる。

物質の融点，沸点

物質	融点（℃）	沸点（℃）
水素	−259	−253
酸素	−218	−183
エタノール	−115	78
塩素	−101	−35
水	0	100
ナフタレン	81	218
硫黄	113	445

(3) 気体の状態式

気体の体積と温度, 圧力には以下のような関係がある。

ボイルの法則

「温度が一定の場合, 理想気体の体積 V は圧力 P に反比例する。」

$$V = \frac{k}{P} \quad (k \text{ は定数})$$

理想気体: 気体分子の大きさ, 分子間力などの相互作用を無視した仮想的な気体。実在気体も, 低圧・高温の状態では理想気体に近い。

シャルルの法則

「一定の圧力の時, 理想気体の体積 V は絶対温度 T に比例する。」

$$V = kT \quad (k \text{ は定数})$$

この時, T で表される温度は**絶対温度**といい, K(ケルビン)で表される。シャルルの法則によると, $-273℃$ で気体の体積 V は理論的に 0 になり, 絶対温度とセルシウス温度(℃) t の関係は以下のように表すことができる。

$$T = 273 + t$$

また 0 K を**絶対零度**という。

ボイル-シャルルの法則

「理想気体の体積 V は, 圧力 P に反比例し, 絶対温度 T に比例する。」

$$V = k\frac{T}{P} \quad (k \text{ は定数})$$

$$\frac{PV}{T} = k$$

理想気体が, 圧力 P_1, 体積 V_1, 絶対温度 T_1 から圧力 P_2, 体積 V_2, 絶対温度 T_2 に変化する時, 圧力・体積・温度の関係は,

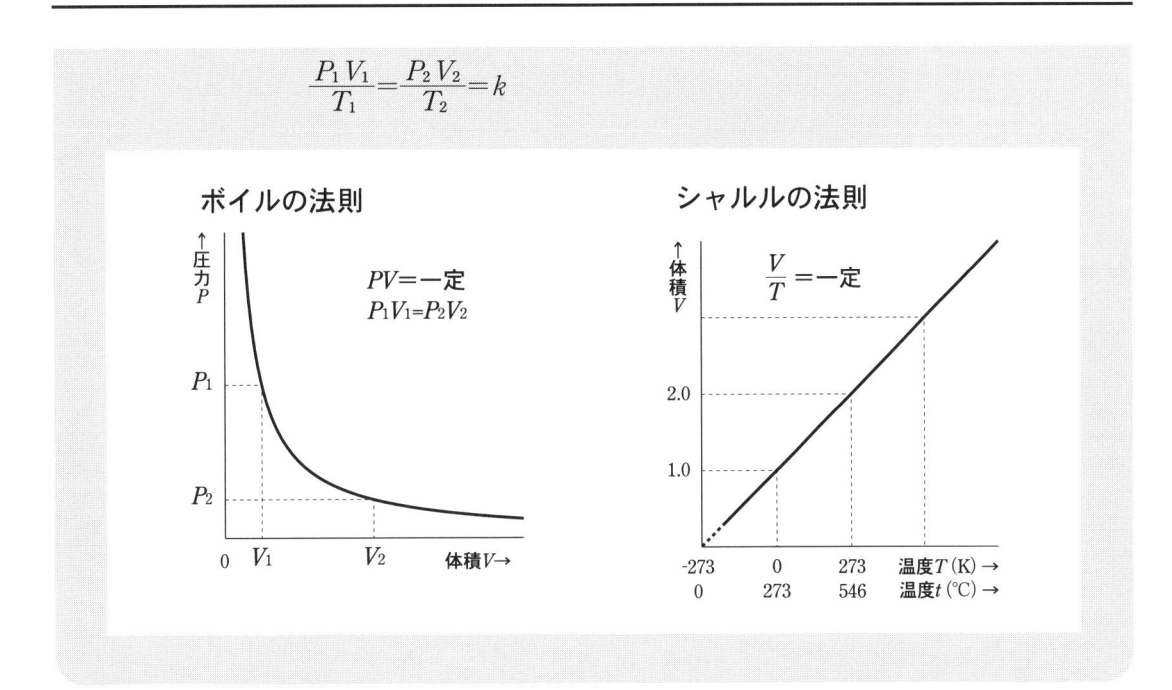

$$\frac{P_1 V_1}{T_1} = \frac{P_2 V_2}{T_2} = k$$

ボイルの法則

$PV = $ 一定
$P_1 V_1 = P_2 V_2$

シャルルの法則

$\dfrac{V}{T} = $ 一定

理想気体の状態方程式：ボイル-シャルルの法則により，$\dfrac{PV}{T}$ は一定である。また，アボガドロの法則により，1 mol の気体の体積 V は，0℃ (273 K)，1.01×10^5 Pa（標準状態）において気体の種類に関係なく 22.4 l になる。したがってこれらの数値を $\dfrac{PV}{T}$ に代入すると，定数 k は，

$$k = \frac{PV}{T} = \frac{1.01 \times 10^5 [\mathrm{Pa}] \times 22.4 [l/\mathrm{mol}]}{273 [\mathrm{K}]} = 8.29 \times 10^3 \left[\frac{\mathrm{Pa} \cdot l}{\mathrm{K} \cdot \mathrm{mol}}\right]$$

で求められる。この値を**気体定数**といい，記号 R で表す。気体定数 R を用いると，$R = \dfrac{PV}{T}$，$PV = RT$ と表される。

V は 1 mol あたりの体積であるから，n[mol] の体積を v とすると，$V = \dfrac{v}{n}$ となる。したがって定数 $k = nR$ となり，状態方程式 $Pv = nRT$ が得られる。1 mol あたりの質量が M [g/mol] の気体 w[g] の物質量を n[mol] とすると，$n = \dfrac{w}{M}$ となる。

つまり $Pv = \dfrac{w}{M} RT$ すなわち $M = \dfrac{wRT}{Pv}$ となり気体の分子量がえられる。

2 混合物

2種類以上の純物質が混じりあったものを**混合物**という。混合物の沸点や融点は，混ざっている物質の割合によって変わる。純物質と混合物を区別する時，蒸留を繰り返したり，再結晶を繰り返して精製するなどして，沸点・融点が一定になれば，不純物を含まない純物質とする。

(1) 気体の分圧

混合気体の圧力を全圧，混合気体中の各成分気体の圧力を**分圧**という。

ドルトンの分圧の法則

「混合気体の全圧は，各成分気体の分圧の和に等しい。」

混合気体の全圧を p，各成分気体の分圧を $p_1, p_2 \cdots$ とすると，$p = p_1 + p_2 + \cdots$ という式が成立する。各成分の分圧は気体の分子数に比例する。

しかし，気体の分子は非常に小さい粒子であるから，1つ1つ個数を数えるのは難しい。そのため，6.0×10^{23} 個（アボガドロ数）の粒子の集合を 1 mol と呼び，mol 単位で物質の量を表した物質量を用いると便利である。また，1 mol あたりの粒子の数 6.0×10^{23}/mol はアボガドロ定数と呼ばれ N_A で表す。

$$物質量 \ [\text{mol}] = \frac{粒子の個数}{6.0 \times 10^{23} [/\text{mol}]}$$

ある物質の量をモル質量で表すと，

$$物質量 \ [\text{mol}] = \frac{物質の質量 \ [\text{g}]}{モル質量 \ [\text{g/mol}]} = \frac{質量}{原子量・分子量・式量}$$

となる。また分子量は，

$$気体の分子量 = \frac{密度 \ [\text{g}/l] \times 22.4 \ [l/\text{mol}]}{モル質量 \ [\text{g/mol}]}$$

となる。

混合気体の平均分子量：混合気体を単一分子の気体からできていると考えた場合，この分子の分子量を平均分子量（見かけの分子量）という。

例：空気の平均分子量

空気の体積比が $N_2 : O_2 = 4 : 1$ とすると，物質量の比も $4 : 1$ であり，$N_2 : O_2 = 0.80$ mol : 0.20 mol となる。

このため，空気 1 mol の質量は，

$$28.0 \text{ [g/mol]} \times 0.80 \text{ [mol]} + 32.0 \text{ [g/mol]} \times 0.20 \text{ [mol]} = 28.8 \text{ [g]}$$

よって，空気の平均分子量は，28.8 となる。

(2) 溶液

【溶解と溶解度】

液体に，他の固体，液体，気体などが分子やイオンなどの細かい粒子に分かれて溶け込み，液体と均一に混じりあった現象を**溶解**といい，この液体を**溶液**という。液体の中に溶け込んだ物質を**溶質**，それを溶かした液体を**溶媒**という。溶媒が水の場合を**水溶液**という。極性分子からなる物質は，分子が水分子と静電気的引力で結びつくので，水に溶けやすい。無極性分子からなる物質は，分子が水分子と結びつきにくく，水に溶けにくい。

水和：溶質の分子が水分子に囲まれ，1個の分子集団を作る現象を水和という。イオンの半径が小さいほどよく起きる。また，水和は結晶についても見られる。

親水基：ヒドロキシ基 $-OH$，アミノ基 $-NH_2$，カルボキシル基 $-COOH$ などのように，極性をもち水和しやすい官能基。

疎水基：メチル基 CH_3-，アルキル基 $C_nH_{2n+1}-$ などの炭化水素基のように，無極性で水和されにくい官能基のこと。油性物質，ベンゼンにはよく溶ける。

溶解度：ある溶質が，一定の温度で，一定の量の溶媒に溶ける限界の量を**溶解度**といい，溶解度に達した溶液を，**飽和溶液**という。

固体の溶解度：一般に，温度が一定であれば，一定量の溶媒に溶ける溶質の質量は決まっている。固体の溶解度は，溶媒 100 g に溶ける溶質の質量（g）の数値で表す。溶解度と温度の関係を表したグラフを**溶解度曲線**という。ほとんどの固体は，温度が高くなるほど溶解度が増すが，中には減少するものもある。温度により溶解度が大きく変化する物質では，高温でその飽和溶液を冷却すると，結晶が容易に析出される。この時含まれていた少量の不純物は，溶液中に残る。この性質を利用して物質を精製する方法を**再結晶**という。

溶解度曲線

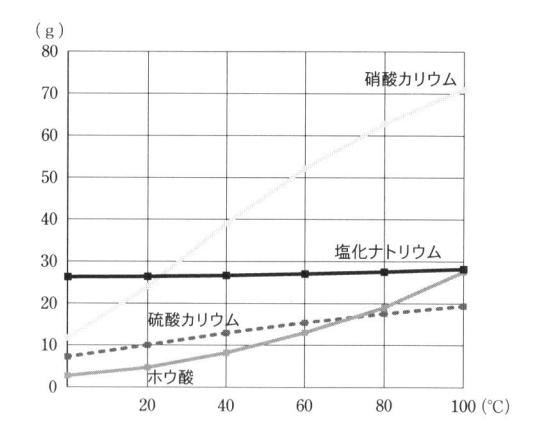

(グラフ：硝酸カリウム，塩化ナトリウム，硫酸カリウム，ホウ酸)

気体の溶解度：一定量の溶媒に溶ける気体の質量は，温度が高くなるほど小さくなる。

ヘンリーの法則

「一定温度では，一定量の溶媒に溶ける気体の質量は，その気体の圧力に比例する。」
（溶解度のあまり大きくない気体の場合）

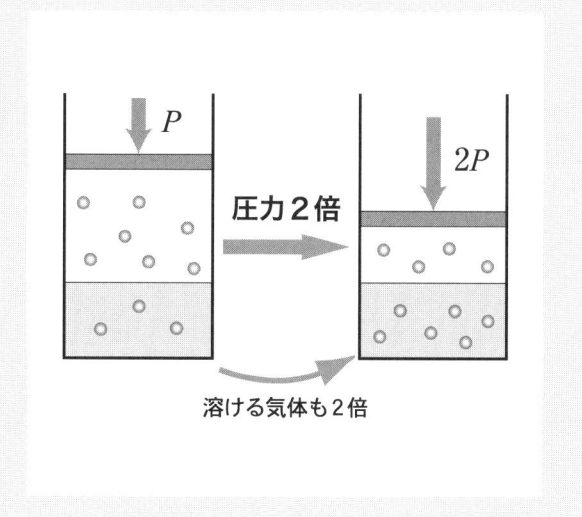

圧力 P → 圧力 2倍 → 圧力 $2P$
溶ける気体も 2 倍

主な気体の水に対する溶解度（mL/水 1 mL）

温度(℃)	気体				
	水素 H_2	窒素 N_2	酸素 O_2	二酸化炭素 CO_2	塩化水素 HCl
0	0.022	0.024	0.049	1.71	517
20	0.018	0.016	0.031	0.88	442
40	0.016	0.012	0.023	0.53	386
60	0.016	0.010	0.019	0.36	399

濃度の求め方

溶液中の溶質の割合が濃度であり，以下のような表し方がある。

質量パーセント濃度：溶液中に含まれる溶質の質量の割合をパーセント（％）で表す。

$$\frac{溶質の質量\ [g]}{溶媒の質量＋溶質の質量\ [g]} \times 100$$

モル濃度：溶液 1 l に含まれる溶質の物質量を表す。単位は mol/l。

$$\frac{溶質の物質量\ [mol]}{溶液の体積\ [l]}$$

質量モル濃度：溶媒 1 kg に含まれる溶質の物質量を表す。単位は mol/kg。

$$\frac{溶質の物質量\ [mol]}{溶媒の質量\ [kg]}$$

(3) 希薄溶液の性質

【沸点上昇】

溶液の沸点が溶媒だけの沸点よりも高くなる現象を**沸点上昇**という。溶液の沸点と溶媒の沸点の差を**沸点上昇度**という。沸点上昇度の大きさは，溶質の種類に関係なく，一定量の溶媒に溶けている溶質の物質量に比例する。ただし，溶質が電解質の場合，沸点上昇度の大きさはイオンの物質量に比例する。沸点上昇度 Δt は，以下のように表される。

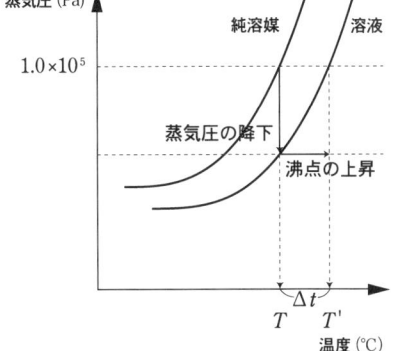

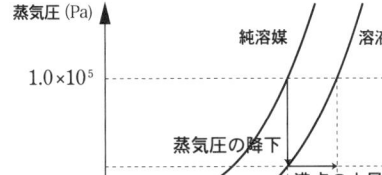

$$\Delta t = k \cdot m$$

k はモル沸点上昇（溶媒 1 kg に溶質 1 mol が溶けている時の沸点上昇度）を表す比例定数である。m は質量モル濃度である。

【凝固点降下】

溶液の凝固点が溶媒の凝固点より低くなる現象を**凝固点降下**という。その温度差を**凝固点降下度**という。凝固点降下度の大きさは，溶質の種類に関係なく，一定量の溶媒に溶けている溶質の物質量に比例する。溶質が電解質の場合，凝固点降下度の大きさはイオンの物質量に比例する。

凝固点降下度も沸点上昇度の場合と同様に求められる。

【浸透圧】

　水分子のような溶媒分子が半透膜（水分子などは通すが大きな溶質粒子は通さない膜）を通して，溶液側に入り込む現象を浸透という。下の図のように管の中に入れた溶媒と溶液を半透膜で仕切ると浸透がおこり，溶液の液面が高くなるが，ある高さで浸透は止まる。この時，両液面の高さの差 h に相当する圧力を**浸透圧**という。浸透圧の大きさは，溶液のモル濃度と絶対温度に比例して大きくなる。

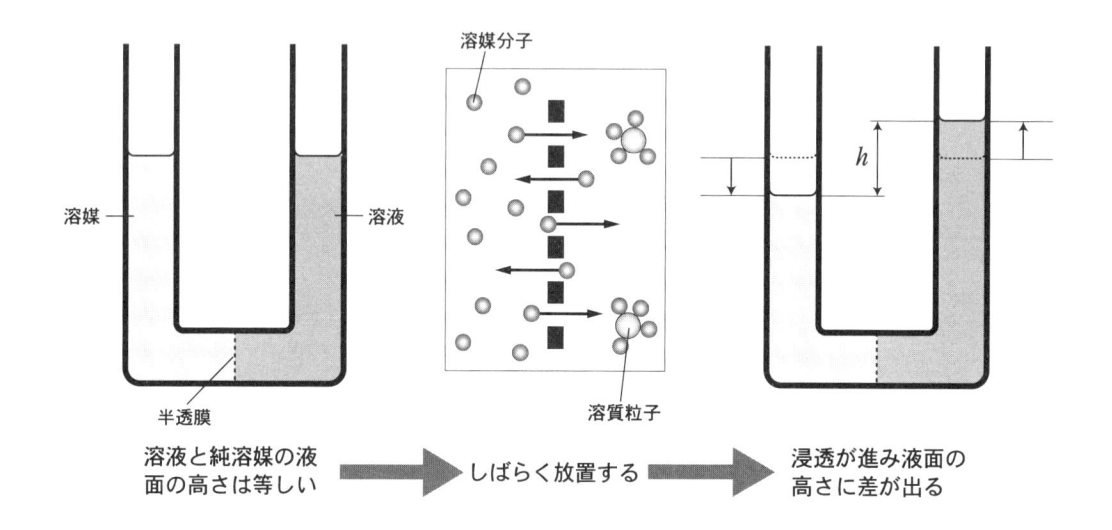

⑷　コロイド溶液

【コロイド溶液の性質】

　原子や分子の大きさが 10〜1000 オングストローム（1 オングストロームは 10^{-10}m，記号は Å）程度の大きさの粒子を**コロイド粒子**といい，このコロイド粒子を含む溶液を，**コロイド溶液**または**ゾル**という。
　コロイド溶液は透かしてみると透明だが，強い光を当てて横からみると光の軌跡が明るく見える。この現象を**チンダル現象**という。これはコロイド粒子が光を散乱するために起こる。（コロイド粒子は，顕微鏡で，不規則に運動している様子が光の点として見える。この運動を**ブラウン運動**という。）
　コロイド溶液に直流電圧をかけると，コロイド粒子は陽極（＋）か陰極（－）どちらかに移動する。これを**電気泳動**という。この現象はコロイド粒子が正か負の電荷を帯びているために起こる。
　コロイド粒子は，同種の電荷を帯びているため，互いに反発し，粒子は大きくならず，沈殿

しない。だが，コロイド溶液に電解質を加えるとイオンが生じ，コロイド粒子の電荷が反対符号のイオンに打ち消され反発し合わなくなる。その結果，コロイド粒子が凝集し，大きな粒子になり沈殿する。この現象を**凝析**という。一般に，加えるイオンの価数が大きいほど凝析しやすく，凝析しやすいコロイドを**疎水コロイド**という。

　デンプンやタンパク質の水溶液は，少量の電解質を加えても凝析しない。このようなコロイドを，**親水コロイド**といい，有機化合物が分散したコロイド溶液に多い。親水コロイドでも多量の電解質を加えると沈殿することがある。この現象を，**塩析**という。

　疎水コロイドに親水コロイドを加えると，親水コロイド粒子が疎水コロイド粒子を包み込み，沈殿しにくくなる。このような働きをする親水コロイドを，**保護コロイド**という。

第 2 章　練習問題

問 1　(1)〜(4)の状態変化の名称として適切なものを，それぞれ次の①〜④から一つ選びなさい。

(1)　固体→気体
(2)　気体→液体
(3)　液体→固体
(4)　固体→液体

　　①　凝固　　　　②　凝縮　　　　③　融解　　　　④　昇華

問 2　固体のドライアイスの密度は $1.57\,\mathrm{g/cm^3}$ である。標準状態（$0\,°\mathrm{C}$，$1.01\times10^5\,\mathrm{Pa}$）の時，昇華すると体積は何倍になるか。次の①〜④から一つ選びなさい。

　　①　800 倍　　　②　850 倍　　　③　900 倍　　　④　910 倍

問 3　$100\,\mathrm{g}$ の水に，$2.925\,\mathrm{g}$ の塩化ナトリウムが溶けている溶液の凝固点は何 $°\mathrm{C}$ か。次の①〜④から一つ選びなさい。凝固点降下度は $1.85\,\mathrm{K}$，$\mathsf{Na}=23.0$，$\mathsf{Cl}=35.5$ である。

　　①　$-2.00\,°\mathrm{C}$　　②　$-1.95\,°\mathrm{C}$　　③　$-1.85\,°\mathrm{C}$　　④　$-1.80\,°\mathrm{C}$

問 4　次の化学反応式の係数 y，a，b を，次の①〜④から一つ選びなさい。

$$\mathrm{C_3H_8} + y\,\mathrm{O_2} \longrightarrow a\,\mathrm{CO_2} + b\,\mathrm{H_2O}$$

　　①　6　　　　　②　5　　　　　③　4　　　　　④　3

問 5　アボガドロ定数が $6.0\times10^{23}/\mathrm{mol}$ の時，気体が $8.4\,l$ ある。（$0\,°\mathrm{C}$，$1.01\times10^5\,\mathrm{Pa}$）これに関し，次の(1)〜(3)に答えなさい。（$\mathsf{C}=12.5$，$\mathsf{O}=18.0$ とする）

(1)　この気体の分子数はいくつか。次の①〜④から一つ選びなさい。

　　①　3.0×10^{23}　　②　2.3×10^{23}　　③　1.5×10^{23}　　④　2.0×10^{23}

(2) この気体が二酸化炭素のとき，質量は何gか。次の①～④から一つ選びなさい。

① 16.5 g　　② 19.0 g　　③ 20.5 g　　④ 25.0 g

(3) この気体の質量が12.6 gのときの分子量を，次の①～④から一つ選びなさい。

① 41.2　　② 30.0　　③ 45.6　　④ 33.6

問 6　(1)～(3)にあてはまる数を，次の①～④から一つ選びなさい。

0 ℃ = (1) K
100 ℃ = (2) K
427 ℃ = (3) K

① 101325　　② 273　　③ 373　　④ 700

問 7　図のような装置から仕切り板を取った。これに関して(1)～(3)に答えなさい。

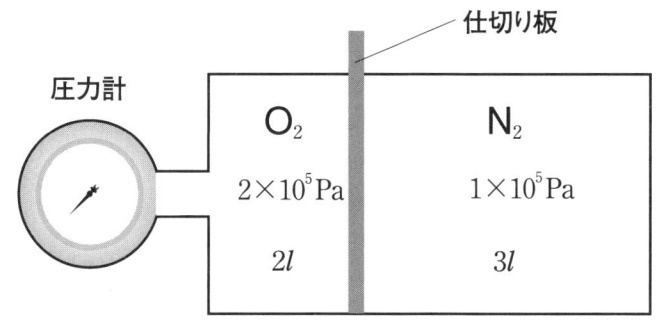

(1) O_2 の圧力はいくつか。次の①～④から一つ選びなさい。

① 1×10^5 Pa　　② 0.9×10^5 Pa　　③ 0.8×10^5 Pa　　④ 0.7×10^5 Pa

(2) N_2 の圧力はいくつか。次の①～④から一つ選びなさい。

① 2×10^5 Pa　　② 1.5×10^5 Pa　　③ 1×10^5 Pa　　④ 0.6×10^5 Pa

(3) 圧力計の圧力はいくつを示すか。次の①～④から一つ選びなさい。

① 2.3×10^5 Pa　　② 1.6×10^5 Pa　　③ 1.4×10^5 Pa　　④ 1.2×10^5 Pa

問 8 27 ℃，2.0×10⁵ Pa で 15 l の気体がある。これに関して(1)～(3)に答えなさい。

(1) この気体は何 mol か。次の①～④から一つ選びなさい。

　　① 1.5 mol　　② 1.2 mol　　③ 1.0 mol　　④ 0.80 mol

(2) この気体の分子数はいくつか。次の①～④から一つ選びなさい。

　　① 7.2×10²³　　② 6.0×10²³　　③ 4.8×10²³　　④ 9.0×10²³

(3) この気体が酸素だとすると，質量はいくらか。次の①～④から一つ選びなさい。

　　① 48 g　　② 26 g　　③ 32 g　　④ 38 g

(4) この気体が 1.0×10⁵ Pa でほかの条件が同じ時，何 mol になるか。次の①～④から一つ選びなさい。

　　① 0.40 mol　　② 0.50 mol　　③ 0.60 mol　　④ 0.70 mol

問 9 温度が 0 ℃，気圧が 1.01×10⁵ Pa の時に水 3 l に窒素（N₂）は何 mg 溶けるか。次の①～④から一つ選びなさい。

　　① 90 mg　　② 70 mg　　③ 50 mg　　④ 40 mg

問10 60 ℃ の硝酸カリウム飽和水溶液が 100 g ある。硝酸カリウムの溶解度は 60 ℃ で 110 g である。これに関して(1)，(2)に答えなさい。

(1) 質量パーセント濃度を，次の①～④から一つ選びなさい。

　　① 52 %　　② 57 %　　③ 60 %　　④ 62 %

(2) この飽和水溶液を 40 ℃ まで冷却すると，何 g の硝酸カリウム結晶が析出するか。次の①～④から一つ選びなさい。硝酸カリウムの溶解度は 40 ℃ の時，64 g である。

　　① 35 g　　② 32 g　　③ 29 g　　④ 21 g

問11　空気（$N_2 : O_2 = 4 : 1$）の見かけの分子量として正しいものを，次の①～④から一つ選びなさい。

① 約31　　　② 約30　　　③ 約29　　　④ 約28

問12　(1)～(4)の気体を軽い順に並べた時の，正しい順番を次の①～④から一つ選びなさい。

(1) CO_2　　　(2) H_2　　　(3) O_2　　　(4) NH_3

① (4)<(2)<(3)<(1)
② (3)<(4)<(2)<(1)
③ (2)<(4)<(3)<(1)
④ (1)<(3)<(4)<(2)

問13　密度 2.38 g/cm^3 の硫酸84％のモル濃度として正しいものを，次の①～④から一つ選びなさい。

① 18.4 mol/l　　② 19.0 mol/l　　③ 20.0 mol/l　　④ 20.4 mol/l

問14　しょうのう（$C_{10}H_{16}O$）1.50 g に，ある物質30 mg を溶かした時，融点は175.5 ℃だった。ある物質の分子量として正しいものを，次の①～④から一つ選びなさい。
　　　ただし，溶媒であるしょうのうの融点は178.0 ℃，モル凝点降下を40 K・kg/mol とする。

① 400　　　② 320　　　③ 300　　　④ 220

問15　人の血液と同じ浸透圧を示す塩化ナトリウム水溶液（37 ℃）を 1 l 作るには何 g の塩化ナトリウムが必要か。次の①～④から一つ選びなさい。
　　　人の血液と同じ浸透圧のブドウ糖水溶液 1 l 中にブドウ糖 $C_6H_{12}O_6$ は53 g ある。
　　　（H＝1.0，C＝12.0，O＝16.0，Na＝23.0，Cl＝35.5 とする）

① 8.6 g　　　② 9.1 g　　　③ 9.6 g　　　④ 10 g

問16 塩化鉄(Ⅲ)水溶液を沸騰した水に加えてよくかき混ぜた。この時の化学式で正しいものを，次の①〜④から一つ選びなさい。

① $FeCl + H_2O \longrightarrow FeOH + HCl$
② $FeCl + 2H_2O \longrightarrow Fe(OH)_2 + 2HCl$
③ $2FeCl + H_2O \longrightarrow 2FeOH + HCl$
④ $FeCl_3 + 3H_2O \longrightarrow Fe(OH)_3 + 3HCl$

第 3 章
化学反応

1 反応の速さ

(1) 速い反応と遅い反応

　化学反応の速さは，単位体積中で単位時間に減少する反応物質の分子数によって計測できる。つまり，単位時間に反応物質の濃度が変化する割合となる。反応開始後の時刻 t_1 から t_2 までのモル濃度をそれぞれ A_1, A_2 とし，$t_1 - t_2$ 間の反応の平均の速さを v とすれば，

$$v = -\frac{[A_2]-[A_1]}{t_2-t_1} = -\frac{\Delta[A]}{\Delta t}$$

と表され，A は，t_1+t_2 における反応物質の濃度にほぼ等しいので，反応速度定数を k とすれば，$v = k[A]$ と表される。つまり，反応の速さは反応物の濃度が高いほど速くなる。また，温度が上昇した時にも反応は速くなる。これは，温度が上昇するにつれて分子の平均運動エネルギーが増し，大きな運動エネルギーを持つ分子数が急激に増加し，分子が衝突した時に活性化状態を作りやすくなるためである。活性化のエネルギーが小さい反応ほど，低温で進行する。同一温度では，活性化のエネルギーが小さいほど，反応が速い。濃度や分子の衝突回数の増加以外では，**触媒**を用いる方法がある。触媒は反応の速さを変えるが直接に変化しない物質である。

反応速度を変える主要因

濃度：濃度が大きいほど，反応速度は大きくなる。

温度：温度が高くなれば，活性化エネルギー以上のエネルギーを持つ分子が多くなり，反応速度は大きくなる。

触媒：活性化エネルギーを小さくするため，活性化エネルギーを超える分子数が増え，反応速度は大きくなる。

2　化学反応と熱

(1) 反応熱

　化学反応に伴って発生または吸収する熱を**反応熱**という。熱を発生する反応を発熱反応，熱を吸収する反応を吸熱反応という。反応熱には以下の種類がある。単位はkJ（キロジュール）である。

　燃焼熱：物質1 molが酸素と反応して完全燃焼する時の反応熱。常に発熱反応。
　生成熱：物質1 molがその成分元素の単体から生成する時の反応熱。発熱反応，吸熱反応の両方の場合がある。
　溶解熱：物質1 molを多量の溶媒に溶かした時に発生または吸収する熱量。溶解は化学反応ではないが，物質の状態変化で出入りする熱と共に，反応熱と同様に扱う。
　中和熱：酸と塩基が中和反応し，1 molの水を生成した時の反応熱。中和熱は，酸・塩基に関係なく，ほぼ56.5 kJ/mol。

(2) 熱化学方程式

　熱化学方程式とは，化学反応式に**反応熱**を加え両辺を等号（＝）で結んだ式である。

熱化学方程式の作り方
水素1 molと酸素0.5 molが反応して水1 molが生成し，286 kJの熱量が発生した場合。
(1) 着目する物質の係数が1となるように（この場合生成する水 H_2O）化学反応式を書く。酸素 O_2 の係数のように，必要ならば他の物質の係数が分数になってもよい。

$$H_2 + \frac{1}{2} O_2 \longrightarrow H_2O$$

(2) 物質の化学式の後に，（気），（液），（固）など各物質の状態を書き加える。

$$H_2（気） + \frac{1}{2} O_2（気） \longrightarrow H_2O（液）$$

(3) ⟶を＝（等号）に変え，着目する物質1 molあたりの反応熱を右辺に書き加える。発熱反応の場合には＋，吸熱反応の場合には－の符号をつける。

$$H_2（気） + \frac{1}{2} O_2（気） = H_2O（液） + 286 \text{ kJ}$$

　結合エネルギー：気体分子を作っている2個の原子間の共有結合1 molを切る時に必要なエネルギー。生成物の結合エネルギーの総和から，反応物の結合エネルギーの総和を引いたものが，反応熱と等しくなる。
　また，反応熱に関して，ヘスの法則がある。

> **ヘスの法則または総熱量保存の法則**
> 「物質が変化する時に出入りする熱量は，反応の最初の状態と最後の状態が決まると，その途中の変化の仕方に関係なく，その間に出入りする熱量の総和は一定である」。

3 化学平衡

化学平衡とは可逆反応が起こっている時に，正反応の速さと逆反応の速さが釣り合っている状態のことである。

(1) 可逆反応

化学反応式の左辺から右辺へ向かう反応（**正反応**）だけでなく，右辺から左辺へ向かう反応（**逆反応**）も起こる反応を可逆反応といい，通常左辺 ⇌ 右辺のように ⇌ を使って表す。また一方向の反応しか起こらない反応を**不可逆反応**という。見かけ上，反応物質と生成物質の量が時間によって変わらない場合に，その反応系は平衡に達しているという。可逆反応が平衡状態にある時，各物質の濃度の間には一定の関係が生じる。

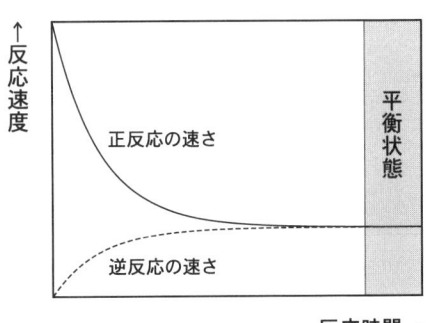

A，B，C，D間において以下のように可逆反応が平衡状態にあるとする。化学平衡は正反応・逆反応がつり合っている状態なので，平衡状態を物質の存在比で表すことのできる平衡定数 K が存在する。

$$aA + bB \rightleftarrows cC + dD \quad (a〜d は係数)$$

各物質のモル濃度を [A]，[B]，[C]，[D] とすると，

$$\frac{[C]^c[D]^d}{[A]^a[B]^b} = K$$

となる。

(2) 化学平衡の移動

ある反応が化学平衡状態にある時，濃度・圧力・温度などのどれか一つに変化を与えると，その影響を打ち消す方向に平衡が移動して，新しい平衡状態になる。この移動に関してフランスの化学者ル・シャトリエが発表した**ル・シャトリエの原理**がある。

ル・シャトリエの原理

「平衡状態にある物質系が外部の作用によって変化を受ける時，その変化は外部の作用を相殺する結果になるような方向に起こる」。

気体間の平衡を各成分の分圧で表した平衡定数 K_P とモル濃度で表した濃度平衡定数 K_C の間には，次のような関係がある。

$$PV = nRT \longrightarrow P = \left(\frac{n}{V}\right)RT \longrightarrow P = [X]RT$$

P は気体の分圧，$[X]$ は気体 x のモル濃度である。

$aA + bB \rightleftharpoons cC + dD$ の式で表される気体の平衡で，各成分の分圧を P_A, P_B, P_C, P_D，モル濃度を $[A], [B], [C], [D]$ とすると $[A]$ については下記の関係が得られる。

$$K_P = \frac{P_C{}^c \cdot P_D{}^d}{P_A{}^a \cdot P_B{}^b} = \frac{([C]RT)^c \cdot ([D]RT)^d}{([A]RT)^a \cdot ([B]RT)^b} = \frac{[C]^c[D]^d(RT)^{c+d}}{[A]^a[B]^b(RT)^{a+b}}$$

$$K_C = \frac{[C]^c[D]^d}{[A]^a[B]^b}$$

より，

$$K_P = K_C \cdot (RT)^{c+d-(a+b)}$$

となる。

4 酸と塩基の反応

(1) 酸，塩基

酸には，亜鉛や鉄などの金属を溶かして水素を発生させる性質がある。水溶液は青色リトマス紙を赤色に変化させる。酸性の薄い水溶液は，すっぱい味がする。**塩基**には，水溶液は赤色リトマス紙を青色に変化させ，フェノールフタレイン液を赤色に変化させる性質がある。薄い水溶液は，苦味がある。

> ### アレニウスの定義
> 酸は，水溶液中で電離して水素イオン H^+ を放出する物質で，
> 塩基は水溶液中で電離して水酸化物イオン OH^- を放出する物質である。

> ### ブレンステッド・ローリーの定義
> 酸は塩基に水素イオン H^+ を与えることができる物質である。
> 塩基は水素イオン H^+ を受け取ることができる物質である。
> ＊ブレンステッドとローリーにより別々に発表されている。

酸・塩基の電離度（記号：α）は，以下のように表すことができる。

$$電離度\ \alpha = \frac{電離している酸（塩基）の物質量}{溶解した酸（塩基）の物質量}$$

溶質の全物質量または濃度価数は，水素イオンまたは水酸化物イオンの数で表す。

電離度：原子が電子を失ったり，受け取ったりしてイオンになる現象を**電離**または**イオン化**という。電離する前の物質量に対する電離した量の比で表したものを電離度という。これは，温度・濃度・電解質の種類で異なる。強電解質ではほぼ完全に電離する。弱電解質では電離度は小さい。

電離して生じたイオンと，電離していないイオンの間に成り立つ平衡を電離平衡といい，化学平衡を適用すると，以下のように表すことができる。K は電離定数という。電解質のモル濃度を c，電離度を α とする。

$$HA \rightleftharpoons H^+ + A^-$$

$$K = \frac{[H^+][A^-]}{[HA]} = \frac{(c\alpha)(c\alpha)}{c(1-\alpha)} = \frac{c\alpha^2}{1-\alpha} = c\alpha^2$$

弱酸の場合，電離度 α は $1-\alpha \fallingdotseq 1$ と近似できるため，以下の式のように表すことができる。

$$\alpha = \sqrt{\frac{K}{c}}$$

$$[H^+] = c\alpha = \sqrt{cK}$$

酸・塩基の価数：酸一分子が出す水素イオン H^+ の数を酸の価数といい，その価数に応じて，1価の酸，2価の酸，3価の酸という。塩基が出す水酸化物イオン OH^- の数，または塩基が受け取る H^+ の数を塩基の価数といい，その価数に応じて1価の塩基，2価の塩基，3価

の塩基という。

電離度が1に近いほど酸性・塩基性が強いので，その水溶液を強酸・強塩基という。一方，電離度が1よりも非常に小さい酸・塩基を弱酸・弱塩基という。

強酸・強塩基，弱酸・弱塩基の例

		電離度	価数			電離度	価数
強酸	塩酸 HCl	0.94	1	強塩基	水酸化カリウム KOH	0.91	1
	硝酸 HNO_3	0.92	1		水酸化ナトリウム NaOH	0.91	1
	硫酸 H_2SO_4	0.62	1		水酸化バリウム $Ba(OH)_2$	0.80	2
弱酸	酢酸 CH_3COOH	0.016	1	弱塩基	アンモニア NH_3	0.0013	1
	硫化水素 H_2S	0.0007	2				

溶解度積：飽和水溶液中の陽イオンと陰イオンの濃度の積。この時の各イオンの積は温度によって決まり，定数となる。この定数を溶解度積という。一定温度下では溶解度積は一定である。

(2) 中和

酸から生じる水素イオンと，塩基から生じる水酸化物イオンから，水が生じる反応を**中和**という。中和反応の結果，水と塩ができる。中和が行われる時，酸の水素イオンと塩基の水酸化物イオンの物質量が等しい。

$$\underset{(H^+の物質量)}{\underline{酸の価数\ a\times 酸の物質量\ n}} = \underset{(OH^-の物質量)}{\underline{塩基の価数\ a'\times 塩基の物質量\ n'}}$$

濃度 $c[mol/l]$ の a 価の酸 $V[ml]$ と，濃度 $c'[mol/l]$ の a' 価の塩基 $V'[ml]$ が中和する場合，中和の量的関係と濃度は，次の式で表される。

$$\frac{acV}{1000}[mol] = \frac{a'c'V'}{1000}[mol] \quad (または\ acV = a'c'V')$$

濃度や物質量がわかっている酸（塩基）の水溶液を使って，濃度のわからない塩基（酸）の濃度や物質量を決定する方法を**中和滴定**という。酸と塩基が中和した時，中和点に達したといい，指示薬の変色で知ることができる。

強酸と強塩基の滴定には，フェノールフタレインとメチルオレンジを用いることができる。弱酸，強塩基の滴定にはフェノールフタレインを用いることができる。強酸と弱塩基の滴定には，メチルオレンジを用いる。弱酸や弱塩基を滴定する時は，相手物質に必ず強酸や強

塩基を選ぶ。

(3) 水素イオン濃度

水はごくわずかに電離していて、水中の水素イオン濃度と、水酸化物イオン濃度は等しく25℃で以下のように表すことができる。

$$[H^+] = [OH^-] = 1.0 \times 10^{-7} \, mol/l$$

純水でも、酸や塩基などが溶けている水溶液中でも、水素イオンと水酸化物イオンのモル濃度の積の値は、決まった温度では一定である。$[H^+][OH^-] = 1.0 \times 10^{-14} [mol/l]^2 (25℃)$ と表され、**水のイオン積**という。

また、水素イオンか水酸化物イオンのどちらかの濃度がわかれば、もう一方の濃度が、イオンの積から求められる。したがって、酸性・塩基性の強さは、水素イオン濃度 $[H^+] = 10^{-x} \, mol/l$ の x だけで表すことができる。この値を **pH（水素イオン指数）** という。pHは以下のように定義する。

$$[H^+] = 1.0 \times 10^{-x} \, mol/l \text{ の時, } pH = x$$

水素イオン濃度とpHには、次のような関係がある。

酸性の溶液　　$[H^+] > 10^{-7} mol/l$　pH $<$ 7
中性の溶液　　$[H^+] = 10^{-7} mol/l$　pH $=$ 7
塩基性の溶液　$[H^+] < 10^{-7} mol/l$　pH $>$ 7

リトマスやフェノールフタレインのような色素は、pHの変化にともない徐々にその色を変え、その色の変わるpHの範囲を**変色域**という。色素には固有の変色域がある。このような色素を**酸塩基指示薬**という。

中和のpH（水素イオン指数）は7とは限らず、酸や塩基の強弱で変わる。したがって、中和滴定を行う際には、それぞれの中和点のpHに応じた変色域をもつ指示薬を選ばなければならない。

5　酸化，還元反応

(1) 酸化，還元

酸化は、せまい意味では、物質が酸素と結合する反応であり、化合物から水素がとれる変化である。広い意味では、物質・イオンが電子を失う反応を指す。

還元は、せまい意味では、物質が水素と結合する反応であり、酸化物から酸素がとれる変化である。広い意味では、物質・イオンが電子を得る反応を指す。酸化と還元は、全く逆の反応であるが、いつも同時に起こる。この反応を**酸化還元反応**という。

酸化数：物質中の原子やイオンがどの程度酸化や還元されているか示す数。
酸化数の決め方

- 単体中の原子の酸化数は，0 とする。
  例：H_2（H：0） Cl_2（Cl：0）
- 単原子イオンの酸化数は，イオンの電荷の数とする。
  例：Na^+（Na：+1） Cl^-（Cl：-1）
- 化合物中の水素原子の酸化数は+1，酸素原子の酸化数は-2 を基準にする。
  例：H_2O（H：+1, O：-2）
- 化合物中の各原子の酸化数の総和は 0 とする。
  例：NH_3（N：-3, H：+1）（-3）+（+1）×3＝0
- 2種類以上の原子からなるイオンの各原子の酸化数の総和は，そのイオンの価数に等しい。

酸化剤：反応する相手の物質を酸化するが，自身は還元されやすく，電子を受けとりやすい。
還元剤：反応する相手の物質を還元するが，自身は酸化されやすく，電子を放出しやすい。

例：
$$\underset{(+4)\text{還元される}}{\boxed{SO_2}} + 2\ \underset{(-2)}{\boxed{H_2S}} \longrightarrow 3\underset{(0)}{S} + 2H_2O$$
（酸化剤） （還元剤 酸化される）

過酸化水素 H_2O_2，二酸化硫黄 SO_2 は，酸化剤にも還元剤にもなる代表的な物質で相手の酸化力が強い場合は，還元剤としてはたらき，還元力が強い場合は，酸化剤としてはたらく。
酸化・還元反応では，酸化剤・還元剤の間で授受される電子の物質量は等しい。

(2) 電気分解

電解質の水溶液や融解液に電流を流す（電子を与える）と，酸化還元反応が起こる。これが**電気分解**である。

陽極では，陽極に移動した陰イオンや水分子が電子を放出し，酸化される。陰極では，陰極に移動した陽イオンや水分子が電子と結合し，還元される。

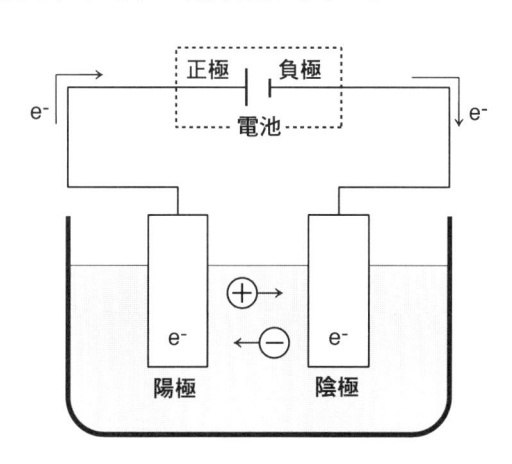

塩化銅(II) $CuCl_2$ の電気分解では，各極に次の関係が生じている。

陽極：$Cl^- \longrightarrow Cl + e^-$　　陰極：$Cu^{2+} + 2e^- \longrightarrow Cu$

$Cl + Cl \longrightarrow Cl_2 \uparrow$

つまり陰極では還元反応が起こり，陽極では酸化反応が起こる。

一般に塩化ナトリウムのようなイオン結合の物質は，固体の状態では電気を通しにくく，電気分解されない。

しかし，結晶を過熱して融解し，炭素電極を用いて直流電流を流すと電気分解されて，陰極（－極）に単体のNa，陽極（＋極）に単体のCl_2が生じる。このような融解状態で行う電気分解を**融解塩電解**という。

いろいろな水溶液の電気分解

電解質	極板	各極での反応	
水 (NaOH)	⊕ Pt	$2OH^- \rightarrow 2e^- + H_2O + \frac{1}{2}O_2$	（酸化）
	⊖ Pt	$2H_2O + 2e^- \rightarrow H_2 + 2OH^-$	（還元）
食塩 (NaCl)	⊕ C	$2Cl^- \rightarrow 2e^- + Cl_2$	（酸化）
	⊖ C	$2H_2O + 2e^- \rightarrow H_2 + 2OH^-$	（還元）
塩化銅(Ⅱ) ($CuCl_2$)	⊕ C	$2Cl^- \rightarrow 2e^- + Cl_2$	（酸化）
	⊖ C	$Cu^{2+} + 2e^- \rightarrow Cu$	（還元）
硫酸銅(Ⅱ) ($CuSO_4$)	⊕ Pt	$H_2O \rightarrow 2e^- + 2H^+ + \frac{1}{2}O_2$	（酸化）
	⊖ Pt	$Cu^{2+} + 2e^- \rightarrow Cu$	（還元）
硝酸銀 ($AgNO_3$)	⊕ Pt	$\frac{1}{2}H_2O \rightarrow e^- + H^+ + \frac{1}{4}O_2$	（酸化）
	⊖ Pt	$Ag^+ + e^- \rightarrow Ag$	（還元）

電気量の単位にはクーロン（記号C）を用いる。1クーロンは1秒間に1アンペアの電流によって運ばれる電荷（電気量）を表す。このため，以下のような関係がある。

$$\text{電気量 } Q\,[\text{C}] = \text{電流 } I\,[\text{A}] \times \text{時間 } t\,[\text{s}]$$

電気分解に関して，ファラデーの電気分解の法則がある。

ファラデーの電気分解の法則

第一法則 電気分解によって，電極で変化するイオンの物質量は，流した電気量に比例する。

第二法則 電極で変化するイオンの物質量は，流した電気量が一定の時，そのイオンの価数に反比例する。

電子1 molあたりの電気量96500 C/molを**ファラデー定数**（記号：F）という。電気分解による変化量は，それぞれの電極での反応を示すイオン反応式で求められる。

$$\text{流れた電子の物質量 [mol]} = \frac{\text{流れた電気量 } Q\,[\text{C}]}{\text{ファラデー定数 } F} = \frac{\text{電流 } I\,[\text{A}] \times \text{時間 } t\,[\text{s}]}{96500\,[\text{C/mol}]}$$

例：3 A の電流で 80 分間電気分解を行った時，回路に流れた電気量は以下となる。

$$3\,[A] \times (80 \times 60)\,[s] = 14400\,[C]$$

この電解反応での電子の物質量は以下となる。

$$\frac{14400\,[C]}{96500\,[C/mol]} \fallingdotseq 1.49 \times 10^{-1}\,[mol]$$

(3) 金属のイオン化傾向

金属が水溶液中で陽イオンになろうとする傾向を**イオン化傾向**という。イオン化傾向は金属によって異なり，その大きいものから順に並べたものをイオン列という。

主な金属のイオン化傾向の順位

K＞Ca＞Na＞Mg＞Al＞Zn＞Fe＞Ni＞Sn＞Pb＞[H_2]＞Cu＞Hg＞Ag＞Pt＞Au

＊水素は金属ではないが，陽イオンになるので比較のためここに入れている。

水との反応：イオン化傾向の大きい金属元素は，水と反応して水素が発生する。

例：$2\,Na + 2\,H_2O \longrightarrow 2\,NaOH + H_2 \uparrow$

　　$Mg + 2\,H_2O \longrightarrow Mg(OH)_2 + H_2 \uparrow$　水酸化物を生成

例：$2\,Al + 3\,H_2O \longrightarrow Al_2O_3 + 3\,H_2 \uparrow$

　　$3\,Fe + 4\,H_2O \longrightarrow Fe_3O_4 + 4\,H_2 \uparrow$　酸化物を生成

酸との反応：一般に，水素よりイオン化傾向の大きい金属は，酸と反応して，金属は陽イオンになり，水素が発生する。

例：$Fe + 2\,HCl \longrightarrow FeCl_2 + H_2 \uparrow$

水素よりイオン化傾向の小さい金属は，一般に塩酸や希硫酸とは反応しない。これらの金

主な金属のイオン化傾向

	大						← イオン化傾向 →								小
イオン化列	K	Ca	Na	Mg	Al	Zn	Fe	Ni	Sn	Pb	(H_2)	Cu	Hg	Ag	Pt	Au
乾燥空気との反応	すみやかに酸化												酸化されない			
	加熱により酸化															
	強熱により酸化される															
水との反応	室温で反応して水素を発生								反応しない							
	高温水蒸気と反応して水素を発生															
酸との反応	塩酸や希硫酸と反応して水素を発生															
	硝酸や熱濃硫酸に溶ける															
	王水に溶ける															

属の溶解には，硝酸や熱濃硫酸を用いる。

例：$Cu + 2H_2SO_4 \longrightarrow CuSO_4 + SO_2\uparrow + 2H_2O$

白金 Pt や金 Au は王水（濃硝酸と濃塩酸を体積比で1：3に混合したもの）で溶ける。

(4) 電池

電池とは，化学エネルギーを電気エネルギーに変えて電流を取り出す装置である。たとえば，希硫酸中に亜鉛板と銅板を離して入れ，両極板を導線でつなぐと導線に電子が流れ，電流が取り出せる。イオン化傾向の大きい金属が負（－）極，小さい金属が正（＋）極となる。負極では，金属がイオン化して電子をつくる。この電子は導線を通って正極に送られる。正極ではこの電子を消費する反応が起る。この変化を放電という。電子の流れる向きと，電流の流れる向きは逆になる。電池の両極間に生じる電位差または電圧を起電力という。

極板で発生する水素が酸化されて水になるのを防ぐためには，重クロム酸カリウムのような減極剤を加える。

ダニエル電池：亜鉛板を浸した薄い硫酸亜鉛 $ZnSO_4$ 水溶液と，銅板を浸した濃い硫酸銅 (II) $CuSO_4$ 水溶液との間を，素焼き板で仕切り，両金属を導線でつなぎ電子が流れるようにした電池。起電力は約 1.1 V である。

$$Zn \longrightarrow Zn^{2+} + 2e^- \text{（負極）} \quad 酸化反応$$

$$Cu^{2+} + 2e^- \longrightarrow Cu \text{（正極）} \quad 還元反応$$

ダニエル電池の構成式は以下である。

$$(-)Zn \mid ZnSO_4 aq \mid CuSO_4 aq \mid Cu(+)$$

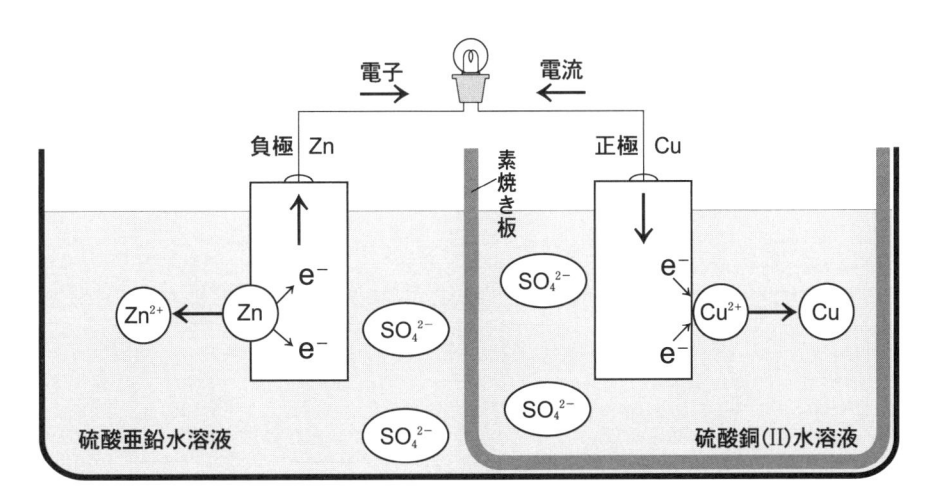

マンガン乾電池：二酸化マンガン MnO_2 を正極とし，炭素棒を正極端子として，亜鉛容器を負極とする電池である。起電力は約 1.5 V である。

両極を導線でつなぐと，負極では次のような変化が起こる。

$$Zn \longrightarrow Zn^{2+} + 2e^-$$

電子は正極へ流れるが，MnO_2 の作用で水素は発生しない。負極で亜鉛イオン Zn^{2+} の生成が進むと，アンモニアと結合して $[Zn(NH_3)_4]^{2+}$ のようなイオンとなり Zn^{2+} の濃度を下げる。マンガン乾電池の構成式は次のようになる。

$$(-)Zn \mid ZnCl_2aq \cdot NH_4Claq \mid MnO_2 \cdot C(+)$$

鉛蓄電池：希硫酸中に，負極に鉛 Pb の極板と，正極に酸化鉛(IV) PbO_2 の極板を浸した電池である。起電力は約 2.0 V である。構造式は次のようになる。

$$(-)Pb \mid H_2SO_4aq \mid PbO_2(+)$$

電池から電流を取り出す（放電）時に次のような反応が起る。

$$Pb + SO_4^{2-} \longrightarrow PbSO_4 + 2e^- \quad (負極) \quad 酸化反応$$

$$PbO_2 + 4H^+ + SO_4^{2-} + 2e^- \longrightarrow PbSO_4 + 2H_2O \quad (正極) \quad 還元反応$$

負極と正極に外部電源の負極と正極をつないで電気分解すると，放電と逆の反応が起り，起電力が回復する。これを充電という。

放電・充電の反応式は以下の通りである。

$$Pb + PbO_2 + 2H_2SO_4 \underset{充電}{\overset{放電}{\rightleftharpoons}} 2PbSO_4 + 2H_2O$$

鉛蓄電池など充電が可能な電池を**二次電池（蓄電池）**といい，充電して繰り返し使えないダニエル電池などの電池を**一次電池**という。

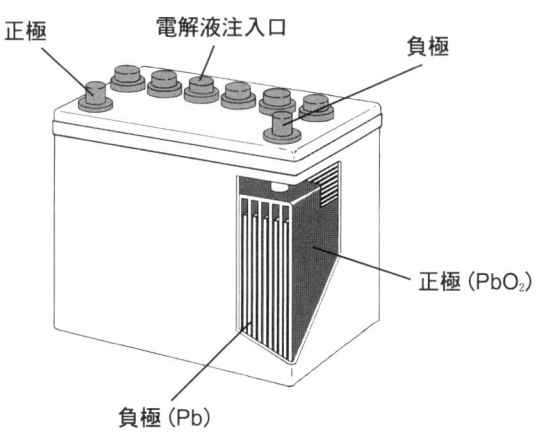

第 3 章　練習問題

問 1　(1)〜(3)の水素化合物を燃焼した時の反応式を書きなさい。また，その時の(1) S，(2) N，(3) C の酸化数の変化を答えなさい。

(1)　H_2S　　　(2)　NH_3　　　(3)　CH_4

問 2　次の(1)，(2)の水溶液を電気分解した際の陽極と陰極で起こる反応式を書きなさい。

(1)　$CuCl_2$
(2)　HCl

問 3　図のように，硫酸銅(II)水溶液を，白金電極をもちいて 2.0 A の電流で 4 分電気分解した。次の(1)，(2)に答えなさい。(Cu＝63.6 とする)

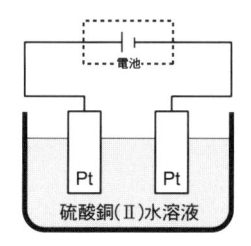

(1)　流れた電気量を求めなさい。
(2)　各極には，何がどれだけ析出したのか求めなさい。(析出した物質が気体の場合，0°C，$1.01×10^5$ Pa の体積で答えなさい。)

問 4　次の熱化学方程式から，(1)，(2)に答えなさい。(S＝32.0 とする)

$$S + O_2 = SO_2 + 297 \text{ kJ} \quad \cdots ①$$
$$SO_2 + \frac{1}{2}O_2 = SO_3 + 100 \text{ kJ} \quad \cdots ②$$

(1)　イオウ 6.00 g を完全燃焼させると発生する熱量は何 kJ か答えなさい。
(2)　SO_3 の生成の熱化学方程式を書きなさい。

問 5　硫酸(H_2SO_4) 20.0 ml を中和滴定した結果，0.400 mol/l の水酸化ナトリウム(NaOH)の水溶液が 30.0 ml 必要だった。この硫酸のモル濃度を，次の①〜④から一つ選びなさい。

　　①　0.300 mol/l　　②　0.500 mol/l　　③　1.00 mol/l　　④　1.20 mol/l

問 6　熱化学方程式に関して，(1)，(2)に答えなさい。

(1) 次のA〜Cの熱化学方程式が何を表しているか，それぞれ次の①〜④から選びなさい。

　A　H_2（気体）$+ \dfrac{1}{2} O_2 = H_2O$（液体）$+ 286 \text{ kJ}$

　B　H_2（気体）$+ \dfrac{1}{2} O_2 = H_2O$（気体）$+ 242 \text{ kJ}$

　C　H_2O（気体）$= H_2O$（液体）$+ 44 \text{ kJ}$

① 水蒸気1 molが水になる時。
② 水素が燃焼して水1 molができる時。
③ 水素が燃焼して水蒸気1 molができる時。
④ 水が氷になる時。

(2) 水素が燃焼して水になるときの反応熱を，次の①〜④から一つ選びなさい。

① 244 kJ　　② 262 kJ　　③ 286 kJ　　④ 330 kJ

問 7　次の反応式の(1)〜(6)にあてはまる酸化数を，次の①〜⑤から選びなさい。

$$\underset{(1)(2)}{H_2S} + \underset{(3)}{Cl_2} \longrightarrow \underset{(4)}{S} + 2\underset{(5)(6)}{HCl}$$

① 0　　② +1　　③ −1　　④ +2　　⑤ −2

問 8　次の熱化学方程式，$2H_2 + O_2 = 2H_2O$（気体）$+ 484 \text{ kJ}$
　　　　　　　　　$4NH_3 + 3O_2 = 2N_2 + 6H_2O$（気体）$+ 1247 \text{ kJ}$
を用いて，アンモニアの生成熱を次の①〜④から一つ選びなさい。

① 49 kJ　　② 51 kJ　　③ 53 kJ　　④ 55 kJ

問 9 次の酸化反応について(1)～(4)にあてはまるものを次の①～⑧から選びなさい。

$Cl_2 + 2e^- \longrightarrow$ (1)
$H_2O_2 + 2e^- \longrightarrow$ (2)
$H_2SO_4 + 2H^+ + 2e^- \longrightarrow$ (3)
$MnO_4^- + 8H^+ + 5e^- \longrightarrow$ (4)

① $H_2O_2 + NO_2$　② $2Cl^-$　③ $2H_2O + SO_2$　④ $2OH^-$
⑤ $Mn^{2+} + 4H_2O$　⑥ Cl^-　⑦ $H_2O + SO_2$　⑧ $2Mn^{2+} + 2H_2O$

問 10 次の還元反応について(1)～(4)にあてはまるものを次の①～⑧から選びなさい。

$H_2 \longrightarrow$ (1)
$Al \longrightarrow$ (2)
$H_2S \longrightarrow$ (3)
$Fe^{2+} \longrightarrow$ (4)

① $Fe^{3+} + e^-$　② $2H^+ + 2e^-$　③ $3Al + e^-$　④ $3Fe^+ + e^-$
⑤ $Al^{3+} + 3e^-$　⑥ $S + 2H^+$　⑦ $H^+ + e^-$　⑧ $S + 2H^+ + 2e^-$

問 11 0.2 mol/l の硫酸(H_2SO_4) 100 ml を中和するために 0.1 mol/l の水酸化ナトリウム (NaOH) 水溶液は何 ml 必要か。次の①～⑤から選びなさい。

① 250 ml　② 300 ml　③ 350 ml　④ 400 ml　⑤ 450 ml

問 12 次の(1)～(4)の溶液は，酸性(①)，アルカリ性(②)，中性(③) のいずれか答えなさい。

(1) $[H^+] = 10^{-5}$ mol/l
(2) $[OH^-] = 10^{-10}$ mol/l
(3) $[OH^-] = 10^{-3}$ mol/l
(4) $[H^+] = 10^{-7}$ mol/l

問 13 硫酸銅(II)水溶液を白金電極を用いて電気分解した。2.00 A で 16 分 30 秒電気分解した時，陰極に銅は何 g 析出するか。次の①～④から一つ選びなさい。(Cu = 63.5 とする)

① 0.435 g　② 0.535 g　③ 0.635 g　④ 0.735 g

問14 水素 0.80 g を燃焼させると，水 7.20 g を生じる。酸化銅(II) 1.98 g を水素で還元すると，1.58 g の銅と 0.45 g の水を生じる。それぞれの反応から，水素と酸素の質量比を求め，次の①～④から一つ選びなさい。

　　　　① 2：9　　　　② 1：8　　　　③ 3：4　　　　④ 1：6

問15 0 ℃，1.10×10^5 Pa の状態で 30 ml のアンモニアを水に溶かし 25 ml の水溶液にした。pH は 25 ℃で 11.0 である。この水溶液中のアンモニアの電離度を，次の①～④から一つ選びなさい。

　　　　① 0.019　　　　② 0.029　　　　③ 0.039　　　　④ 0.049

第 4 章
物質の構造

1 原子の構造

(1) 原子の構造モデル

　全ての物質は**原子**から構成されている。原子の中心には正電荷(＋)をもつ**原子核**があり，そのまわりを負電荷(－)をもつ電子が運動している。原子核は，正電荷をもつ陽子と，電荷をもたない中性子からできている。原子核全体では正(＋)の電気を帯びている。電子は負(－)の電気を帯びた粒子である。原子中の陽子数と電子数は等しいので原子全体では電気的に中性である。

　原子核中の陽子数を，その原子の**原子番号**という。また，原子核中の陽子数と中性子数の和をその原子の**質量数**という。

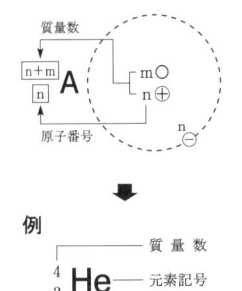

粒子	電荷	質量比
原子核	n＋	n＋m
中性子	なし	1
陽子	1＋	1
電子	1－	$\frac{1}{1840}$

陽子数＋中性子数＝質量数
陽子数＝原子番号＝電子数

[原子A　元素記号……A
　　　　陽子数……n
　　　　中性子数……m]

　同じ原子番号の原子でも，原子核に含まれる中性子の数が異なり，質量数も異なる原子が存在する場合がある。これを**同位体（アイソトープ）**という。化学的性質はほぼ同じで自然界

元素		陽子数	中性子数	質量数	存在比(％)
水素	$^{1}_{1}H$	1	0	1	99.985
	$^{2}_{1}H$	1	1	2	0.015
炭素	$^{12}_{6}C$	6	6	12	98.90
	$^{13}_{6}C$	6	7	13	1.10
酸素	$^{16}_{8}O$	8	8	16	99.762
	$^{17}_{8}O$	8	9	17	0.038
	$^{18}_{8}O$	8	10	18	0.200

水素の同位体とその表し方

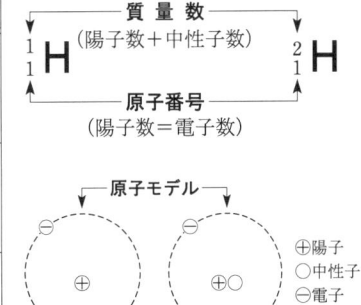

に存在する同位体の存在比は原子ごとに決まっている。

(2) 原子の電子配置

原子核のまわりの電子は，**電子殻**とよばれるいくつかの層に別れて配置されている。電子殻は，原子核に近い順に，内側からK殻，L殻，M殻，N殻…と名称がついている。各電子殻には，電子の入ることのできる最大数（最大収容電子数）が決まっている。

　K殻…2個　L殻…8個　M殻…18個　N殻…32個

電子は内側の電子殻から順に入っていく。電子の数が最大収容電子数に達すると，1つ外側の電子殻に電子が入る。原子の中で電子の配列を**電子配置**という。

原子の最も外側（最外殻）にある電子を**価電子（最外殻電子）**という。価電子は，他の電子に比べ不安定で，他の電子と作用しやすい。元素の化学的性質は価電子の数によって決まる。

価電子数が1〜3個と少ない原子は，価電子を放出してそれぞれ1価，2価，3価の陽イ

原子番号	1
電子配置	H
電子殻 K	1
L	0
M	0
価電子数	1

2
He
2
0
0
0

原子番号	3	4	5	6	7	8	9	10
電子配置	Li	Be	B	C	N	O	F	Ne
電子殻 K	2	2	2	2	2	2	2	2
L	1	2	3	4	5	6	7	8
M	0	0	0	0	0	0	0	0
価電子数	1	2	3	4	5	6	7	0

原子番号	11	12	13	14	15	16	17	18
電子配置	Na	Mg	Al	Si	P	S	Cl	Ar
電子殻 K	2	2	2	2	2	2	2	2
L	8	8	8	8	8	8	8	8
M	1	2	3	4	5	6	7	8
価電子数	1	2	3	4	5	6	7	0

元素の電子配置（周期性がある。●は最外殻電子を示す。）

オンになりやすい。また価電子の数が6個，7個と多い原子は，電子を受け取って，それぞれ2価，1価の陰イオンになりやすい。

希ガスであるヘリウム，ネオン，アルゴン，クリプトン，キセノンは，原子が単独で存在し，電子配置が非常に安定しているため，イオンになったり，他の原子と結合することはほとんどない。そのため希ガスの価電子数は0個としている。

希ガス原子の電子配置

元素		電子殻					
		K	L	M	N	O	P
ヘリウム	$_2$He	2					
ネオン	$_{10}$Ne	2	8				
アルゴン	$_{18}$Ar	2	8	8			
クリプトン	$_{36}$Kr	2	8	18	8		
キセノン	$_{54}$Xe	2	8	18	18	8	
ラドン	$_{86}$Rn	2	8	18	32	18	8

イオン化エネルギー：原子，イオンなどから電子を取り去ってイオン化するために必要なエネルギーをイオン化エネルギーという。ある原子に電子がどれだけ強く結び付けているのかの目安である。イオン化エネルギーの小さい原子ほど，1価の陽イオンになりやすい。希ガスはイオン化エネルギーが大きく，陽イオンになりにくい。

(3) 原子の構造と元素の周期表

1869年にロシアの化学者メンデレーエフは，元素を原子量の順に並べると，性質のよく似た元素が周期的に現れることを発見した。このような周期性を元素の周期律といい，これに基づいて作られた分類表が元素の周期表となった。

(参考) メンデレーエフが作成した当時の周期表

族＼周期	I	II	III	IV	V	VI	VII	VIII
1	H							
2	Li	Be	B	C	N	O	F	
3	Na	Mg	Al	Si	P	S	Cl	
4	K	Ca		Ti	V	Cr	Mn	Fe Co Ni Cu
5	(Cu)	Zn			As	Se	Br	
6	Rb	Sr	Yt?	Zr	Nb	Mo		Ru Rh Pd Ag
7	(Ag)	Cd	In	Sn	Sb	Te	I	
8	Cs	Ba	Di?	Ce?				
9								
10			Er?	La?	Ta	W		Os Ir Pt Au
11	(Au)	Hg	Tl	Pb	Bi			
12				Th		U		

原子量：天然に存在する元素の多くは，数種類の同位体を含んでいる。原子量の基準とされる質量数12の炭素原子も全体の98.93％であり，残りの1.07％の炭素原子は質量数13である。

そこで炭素の原子量は次のように求められる。

$$12 \times \frac{98.93}{100} + 13 \times \frac{1.07}{100} = 12.01$$

（すなわち，原子量とは，質量数の期待値と言える。）

これにより，天然の炭素はすべて，12.01の質量数を持つと考えるのである。

周期表（→ p.7～8）：周期表の横の欄を周期（第1周期から第7周期まで），縦の欄を族（1族から18族まで）という。周期表で同一周期の元素は，左側にあるものほど金属性が強く（陽イオンになりやすい），右側にあるほど非金属性が強い（陰イオンになりやすい）。陽イオンになりやすい元素を金属元素，陰イオンになりやすい元素を非金属元素という。

1～2族，12～18族の典型元素では，同じ族の原子間で，価電子数が同じである。3～11族の遷移元素では，左右の元素の原子間でも，価電子数が（2または1）似ている。

原子の化学的性質がある周期で変化するのは，価電子の数が周期的に変化するからである。

周期的に変化する元素の性質には，原子の半径やイオン化エネルギー，単体の体積，融点・沸点などがある。

元素の性質と周期表

2 化学結合

化学結合とは，イオンや原子の結びつきのことである。

化学結合にはイオン結合，共有結合，金属結合などの種類がある。現実には，これらのうち2種類以上の結合が混ざりあったものが多い。化学結合の強さは，その結合を切るのに必要な結合エネルギーの大きさで比較する。

	イオン結合	共有結合	金属結合	分子間力
結合の種類	陽イオンと陰イオンとの間の静電気的な力（クーロン力）	2つの原子が互いに不対電子を共有している	すべての金属原子が自由電子を共有している	分子からなる物質の分子間に働く弱い力
結晶の名称	イオン結晶	共有結合の結晶	金属結晶	分子結晶
融点・沸点	かなり高い	きわめて高い	さまざま	低い
電気的性質	固体は絶縁性 液体は電導性	絶縁性（黒鉛は電導性）	電導性	絶縁性
例	$NaCl, CaCl_2$	C	Na, Fe, Cu	H_2O, Cl_2

(1) イオン結合

陽イオンと陰イオンの静電気的な引力（**クーロン力**）による結合を，**イオン結合**という。非常に安定した結合である。イオン結合による化合物では，陽イオンの正の電気量と陰イオンの負の電気量は等しく，電気的に中性になっている。

塩化ナトリウムのイオン結合

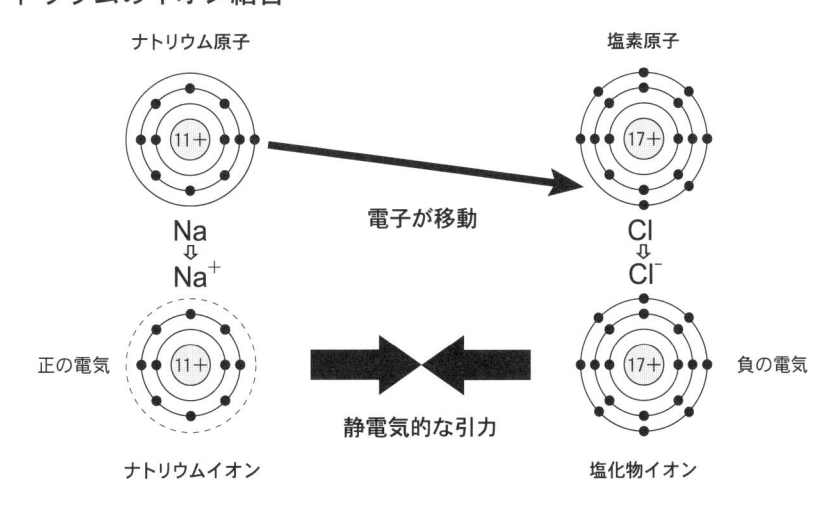

イオン結晶：イオン結合でできた結晶を**イオン結晶**という。分子に相当する粒子がないので，結晶を表すのに陽イオンと陰イオンの数を最も簡単な整数比で示した組成式を用いる。イオン結晶は，イオン間の結合力がかなり大きいので，融点・沸点が高く，水に溶けやすく，蒸発しにくい。固体では電気を通さないが，加熱して融解すると電離して生じたイオンが自由に移動でき，電気をよく通す。スクロース（ショ糖）やエタノールなどは水に溶けるが，水溶液中では電離しないため非電解質である。

(2) 共有結合

隣り合う2個の原子が，価電子のいくつかを共有し合う結合を**共有結合**という。共有された電子対を，**共有電子対**という。電子対をつくっていない電子を，**不対電子**といい，共有結合に関係しない電子対を，**非共有電子対**という。2個の原子が一組の共有電子対で結合しているものを**単結合**，二組・三組の共有電子対で結合しているものを，それぞれ**二重結合・三重結合**という。1つの共有電子対を，1本の線で示して分子を表すことができる。この線を**価標**といい，価標を用いた化学式を構造式という。それぞれの原子から出る価標の数を原子価という。共有電子対が一方の原子からのみ与えられている共有結合を配位結合という。

また，元素記号のまわりに，価電子を点で表した化学式を**電子式**という。

水素分子の生成の仕組み

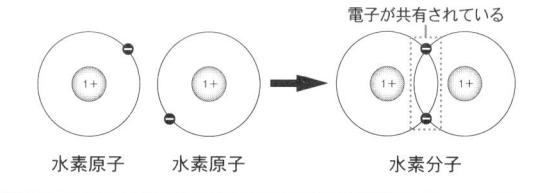

共有電子対の例

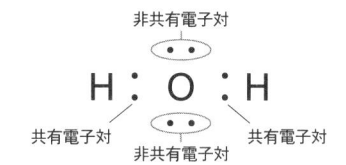

H : O : H

元素	水	酸素	二酸化炭素	窒素
分子式	H_2O	O_2	CO_2	N_2
構造式	H—O—H	O=O	O=C=O	N≡N
電子式	H:Ö:H	:Ö::Ö:	:Ö::C::Ö:	:N⋮⋮N:

⑶ 物質の構造と性質

一般に金属の固体は，結晶として存在している。結晶中の粒子は，立体的に規則正しく配列している。

結晶格子：結晶では，原子・分子・イオンなどの粒子が，上下・前後・左右に規則正しく配列している。そのうちの最小単位の配列を**単位格子**といい，多数の単位の配列を**結晶格子**という。ほとんどの金属の結晶格子は，体心立方格子，面心立方格子，六方最密構造のどれかに分類される。

結晶格子

体心立方格子　　　　　面心立方格子　　　　　六方最密構造

原子の配位数：結晶格子で，1つの原子・イオンの最も近くに接する原子・イオンの数を配位数という。体心立方格子の原子の配位数は8、面心立方格子は12、六方最密構造は12である。

単位格子の中の原子数：体心立方格子は2個、面心立方格子は4個、六方最密構造は2個である。

- ●体心立方格子　$\dfrac{1}{8} \times 8 + 1 = 2$
- ●面心立方格子　$\dfrac{1}{8} \times 8 + \dfrac{1}{2} \times 6 = 4$
- ●六方最密構造　$4 \times \dfrac{1}{12} + 4 \times \dfrac{1}{6} + 1 = 2$

原子の半径：単位格子一辺の長さを a とすると、それぞれの結晶格子の原子半径 r は以下のようになる。

● 体心立方格子　$r = \dfrac{\sqrt{3}}{4} a$　　　　　● 面心立方格子　$r = \dfrac{\sqrt{2}}{4} a$

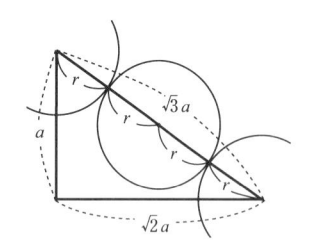

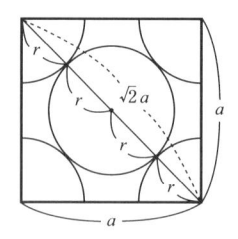

充填率：立方体の体積に対する原子の体積を充填率という。
● 体心立方格子　68%
● 面心立方格子　74%
● 六方最密構造　74%

分子の極性：結合によって共有される電子は電気的に陰性の原子のほうにひきつけられ、負電荷の重心は原子間の中心よりも電気的に陰性な原子のほうにかたよっている。そのため分子全体では電気的に中性で、分子内部の正電荷の重心と負電荷の重心は一致しない。このような分子を**極性分子**という。電荷のかたよりのない分子を**無極性分子**という。

原子数が3個以上の多原子では、原子間に極性があっても、分子全体は無極性分子になることがある。たとえば、二酸化炭素分子 CO_2 では、

$$\overset{\delta-}{O} = \overset{\delta+}{C} = \overset{\delta-}{O}$$

となるが、3つの原子が直線に並んでいるため、極性が打ち消され無極性分子となる。メタン分子 CH_4 は正四面体形分子であるため、無極性分子となる。H_2O, H_2S は折れ線形、NH_3 は三角錐形分子でかたよりが生じるため極性分子であるので分子全体として極性を示す。

分子間力：電気を帯びていない分子でも、分子同士が近づくと、分子間に弱い引力が働く。このような引力を**分子間力**という。分子間力によって分子が集合してできた結晶を**分子結晶**という。代表的な分子結晶にはヨウ素やドライアイス（二酸化炭素の結晶）がある。ナフタレン $C_{10}H_8$ など多くの有機化合物も分子結晶をつくる。イオン結合や共有結合などに比べて分子間力が弱いため、一般にやわらかく、融点の低いものが多い。電気を通さない。

水素結合：極性のある物質のうち、アンモニア NH_3, 水 H_2O, フッ化水素 HF では分子間に働く力が特に強い。これは、それらの物質では陰性の強い酸素、窒素、フッ素原子などが、他の分子中の水素原子と強く引き合っているためである。このような水素原子を間にはさんだ

結合を**水素結合**という。水素結合をする分子は，他の極性分子より融点・沸点が高い。

　金属結合：多数の金属原子が次々に結合してできた結合をいう。最外殻の電子殻が重なり合ってつながった状態になる。一般に金属原子はイオン化エネルギーが小さく，価電子を失い陽イオンになりやすい。原子から離れた電子はイオン間を自由に動き回る。このような電子を自由電子という。金属結合から作られる結晶を金属結晶という。結晶内の陽イオンはすべての自由電子を共有し，結合している。

　分子の結合力：一般に無極性分子では，分子量が大きいほど分子間力が強く，融点・沸点が高い。極性分子では，分子間に弱い静電気的な引力が働き，分子量が同じ他の分子と比べて，融点・沸点が高い。各結合の大きさは，次のようになる。

　　共有結合＞イオン結合＞金属結合＞水素結合＞分子間力

第4章　練習問題

問1　表の(1)〜(4)にあてはまる原子を，次の①〜④からそれぞれ選びなさい。

価電子数	1	2	3	4	5	6	7	0
K殻	H							He
L殻	Li							(1)
M殻			(2)			(3)		
N殻		(4)						

①　S　　　　②　Ca　　　　③　Al　　　　④　Ne

問2　次の(1)〜(5)の結晶中に働いている結合の種類や力を，①〜④からそれぞれ選びなさい。

(1)　C（ダイヤモンド）　(2)　Ar　(3)　H₂O　(4)　Cu　(5)　CH₄

①　分子間力　②　金属結合　③　共有結合　④　水素結合

問3　(1)〜(4)の構造式にあてはまる物質を，次の①〜④から選びなさい。

(1)

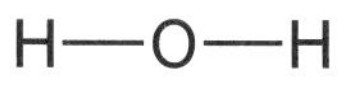

H—O—H

(2)

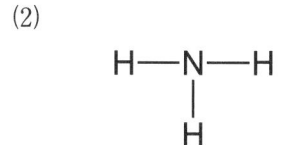

H—N—H
　　|
　　H

(3)

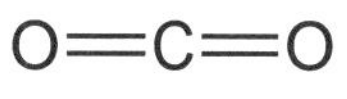

O=C=O

(4)

N≡N

①　二酸化炭素　　②　アンモニア　　③　窒素　　　　④　水

問4 次の(1)〜(4)の物質について，共有結合の種類と電子式を次の①〜⑥からそれぞれ選びなさい。

(1) アンモニア　　(2) 酸素　　(3) 二酸化炭素　　(4) 窒素

① 三重結合　　② 二重結合　　③ 単結合

④ :Ö::Ö:　　⑤ :Ö::C::Ö:　　⑥ H:N̈:H（下にH）　　⑦ :N⋮⋮N:

問5 次の(1)〜(3)の化合物の電子式を書きなさい。

(1) CO_2　　(2) N_2　　(3) Na_2S

問6 (1)〜(4)の結晶の結合の種類を，それぞれ次の①〜⑤から選びなさい。

(1) CO_2　　(2) Al　　(3) NaCl　　(4) SiO_2

① 水素結合　② 共有結合　③ 金属結合　④ イオン結合　⑤ 分子間力

問7 (1)〜(4)の結合にあてはまるものを，次の①〜④から選びなさい。

(1) 共有結合　　(2) イオン結合
(3) 金属結合　　(4) 分子間力による結合

① 炭酸カリウム　　② 酢酸　　③ アルゴン　　④ 鉄

問8 次の結晶についての文章①〜④の中から，正しいものを全て選びなさい。

① イオン結晶の融点はかなり高く，電気伝導性がある。
② 分子結晶の融点は低く，電気伝導性がない。
③ 共有結合の結晶の融点はさまざまで，電気伝導性がある。
④ 金属の結晶の融点はさまざまで，電気伝導性がある。

問9　結晶が面心立方格子の銅原子の半径を求めなさい。銅原子は互いに接触しているものとする。（単位格子の一辺の長さは，3.62 Å。$\sqrt{2}=1.41$）

　　① 1.08 Å　　② 2.56 Å　　③ 1.28 Å　　④ 3.18 Å

問10　結晶が面心立方格子の金属がある。単位格子の一辺の長さは4.0 Åである。この金属原子が立方体に占める充填率を，次の①～④から一つ選びなさい。

　　① 68 %　　② 74 %　　③ 80 %　　④ 86 %

総合問題

第1回

問1 次の①〜⑧の元素について，(1)および(2)に答えなさい。

　　　　① H　　② Cl　　③ Zn　　④ S　　⑤ Ca　　⑥ Na　　⑦ Ne　　⑧ Br

(1) 金属元素をすべて選びなさい。
(2) 非金属元素をすべて選びなさい。

問2 次の①〜⑧の元素について，(1)および(2)に答えなさい。

　　　　① Cu　　② Ar　　③ Fe　　④ Zn　　⑤ Au　　⑥ Mg　　⑦ Cr　　⑧ P

(1) 典型元素をすべて選びなさい。
(2) 遷移元素をすべて選びなさい。

問3 次の元素をイオン化エネルギーの大きい順に並べた時，正しい順番になっているものはどれか。次の①〜④から一つ選びなさい。

　　C, Li, Be, O, Ne, F

　① F＞O＞Ne＞C＞Be＞Li
　② Ne＞F＞C＞O＞Be＞Li
　③ Ne＞F＞O＞C＞Be＞Li
　④ Ne＞O＞F＞C＞Li＞Be

問4 原子番号11〜18までの元素のうち，次の(1)〜(4)にあてはまる元素を，①〜⑧の中からそれぞれ選びなさい。

(1) 酸化物を水に入れた時，アルカリ性を示す。
(2) 酸化物を水に入れた時，酸性を示す。
(3) 酸化物が XO_2 で表され，常温で無色の気体である。
(4) 酸化物が XO_2 で表され，常温で白色の固体である。

　① Na　　　　　② Mg　　　　　③ Al　　　　　④ Si
　⑤ P　　　　　⑥ S　　　　　　⑦ Cl　　　　　⑧ Ar

問 5　次の(1)〜(3)で生じる錯イオンの化学式をそれぞれ①〜④から選びなさい。

(1) 硫酸鉄(II)水溶液にシアン化カリウム水溶液を加える。
(2) 硫酸亜鉛水溶液にシアン化カリウム水溶液を加える。
(3) 硫酸銅(II)水溶液にアンモニア水を加える。

① $[Zn(CN)_4]^{2-}$
② $[Cu(NH_3)_2]^{2-}$
③ $[Cu(NH_3)_4]^{2+}$
④ $[Fe(CN)_6]^{4-}$

問 6　エタノール 3.69 mg を完全燃焼させたところ，二酸化炭素 7.05 mg と水 4.32 mg が得られた。次の(1)〜(3)に答えなさい。

(1) この時エタノール 3.69 mg 中の炭素・水素・酸素の質量の組み合わせとして正しいものを①〜④から一つ選びなさい。

	炭素の質量	水素の質量	酸素の質量
①	0.192 mg	18.0 mg	3.018 mg
②	1.92 mg	0.48 mg	1.29 mg
③	19.2 mg	0.48 mg	0.81 mg
④	192 mg	30.18 mg	1.29 mg

(2) この結果からエタノールの組成式を，次の①〜④のうちから一つ選びなさい。

① CH_6O　　② C_2HO　　③ C_2H_6O　　④ $2C_2HO$

(3) エタノールの構造式を，次の①〜④のうちから一つ選びなさい。

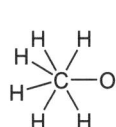

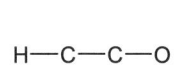

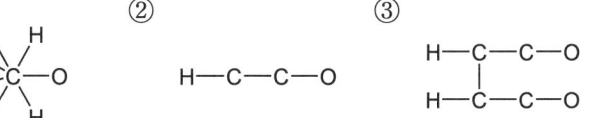

①　　②　　③　　④

問 7　炭素原子 6.0 g の物質について，次の(1), (2)に答えなさい。

(1) 物質量は何 mol か次の①〜④から一つ選びなさい。

① 1.0 mol　　② 1.5 mol　　③ 0.50 mol　　④ 2.0 mol

(2) また，この中に含まれる炭素原子は何個か。次の①〜④から一つ選びなさい。
（アボガドロ定数は 6.0×10^{23}/mol とする。）

① 6.0×10^{23} 個　　② 3.0×10^{23} 個　　③ 9.0×10^{23} 個　　④ 4.0×10^{23} 個

問 8 C_nH_{2n} で表される炭化水素について，次の(1)〜(3)に答えなさい。

(1) $n=3$ の時，化合物の異性体（構造異性体）はいくつ考えられるか。次の①〜④から一つ選びなさい。

① 1　　　　② 2　　　　③ 3　　　　④ 4

(2) 幾何異性体が存在する時，最も小さい n の値を次の①〜④から一つ選びなさい。

① 6　　　　② 5　　　　③ 4　　　　④ 3

(3) C_nH_{2n} の炭化水素 0.40 g をとり，$0\,°C$，1.01×10^5 Pa で体積を測ったら，325 ml だった。この物質の n の値を，次の①〜④から一つ選びなさい。
気体定数 $R = 8.31 \times 10^3$ [Pa・l/mol・K] とする。

① 2　　　　② 3　　　　③ 4　　　　④ 5

問 9 鎖状炭化水素 C_mH_n を完全燃焼させた時の化学反応式を，次の①〜④から一つ選びなさい。

① $C_mH_n + \left(m + \dfrac{n}{4}\right)O_2 \longrightarrow mCO_2 + \dfrac{n}{2}H_2O$

② $C_mH_n + (m + n)O_2 \longrightarrow mCO_2 + H_2O$

③ $C_mH_n + \left(m + \dfrac{n}{2}\right)O_2 \longrightarrow mCO_2 + 2H_2O$

④ $C_mH_n + \left(\dfrac{m}{2} + \dfrac{n}{2}\right)O_2 \longrightarrow mCO_2 + \dfrac{n}{2}H_2O$

問 10 C_3H_8 の化合物を反応させたところ，次の(1)〜(5)の結果が得られた。それぞれの化合物名を次の①〜⑤から選びなさい。

(1) 金属ナトリウムと反応して，水素を発生する。
(2) 金属ナトリウムと反応しない。
(3) (1)を酸化すると銀鏡反応を示す。
(4) (3)をさらに酸化させると，弱酸性を示す。
(5) (1)を，濃硫酸を触媒として酢酸と反応させると，果実臭のある化合物を生じる。

① アルコール　　② カルボン酸　　③ エステル
④ エーテル　　　⑤ アルデヒド

問11　炭化カルシウム CaC_2 と水を反応させた時について，(1)および(2)に答えなさい。

(1) 得られる物質は何か。次の①～④から一つ選びなさい。

① アセチレン　　② エチレン　　③ エタン　　④ ベンゼン

(2) この時の化学反応式を，次の①～④から一つ選びなさい。

① $HC \equiv CH + HCl \longrightarrow H_2C = CHCl$
② $CaCO_3 + 2HCl \longrightarrow CaCl_2 + H_2O + CO_2\uparrow$
③ $Ca(OH)_2 + CO_2 \longrightarrow CaCO_3\downarrow + H_2O$
④ $CaC_2 + 2H_2O \longrightarrow C_2H_2 + Ca(OH)_2$

問12　次の(1)～(3)の化合物の構造を，次の①～④から一つ選びなさい。

(1) トリニトロトルエン
(2) サリチル酸メチル
(3) メチルオレンジ

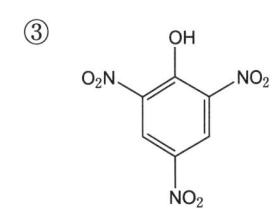

問 13　0 ℃，1.00×10^5 Pa の時 10.0 l を占める気体を 5.00 l の容器に入れて，100 ℃ に加熱すると，その圧力はいくらになるか。次の①〜④から一つ選びなさい。

① 1.27×10^5 Pa
② 3.27×10^5 Pa
③ 2.27×10^5 Pa
④ 2.73×10^5 Pa

問 14　8.00 g の酸素が 27 ℃，1.23×10^5 Pa で占める体積は何 l か，次の①〜④から一つ選びなさい。

① 7.05 l
② 6.55 l
③ 6.05 l
④ 5.07 l

問 15　水酸化ナトリウム NaOH 8.0 g を水に溶かして，100 ml の水溶液を作った。この水溶液のモル濃度を，次の①〜④から一つ選びなさい。

① 3.5 mol/l
② 1.5 mol/l
③ 2.0 mol/l
④ 2.5 mol/l

問 16　メタン CH_4 の熱化学方程式は，$CH_4+2\,O_2=CO_2+2\,H_2O+894$ kJ，炭素の熱化学方程式は，$C+O_2=CO_2+394$ kJ，水素の熱化学方程式は，$H_2+\frac{1}{2}O_2=H_2O+286$ kJ である。この時のメタンの生成熱を，次の①〜④から一つ選びなさい。

① 90 kJ
② 85 kJ
③ 80 kJ
④ 72 kJ

問 17　(1),(2)の各化合物のイオウ S の酸化数を，次の①～④から一つ選びなさい。

(1) 三酸化イオウ SO_3

　　① 　+6　　　　② 　−6　　　　③ 　+3　　　　④ 　−3

(2) 亜硫酸イオウ SO_3^{2-}

　　① 　0　　　　② 　+4　　　　③ 　−2　　　　④ 　+3

問 18　硝酸銀 $AgNO_3$ 水溶液を，白金電極を用いて，2.00 A の電流で 24 分 10 秒間電気分解した。(1)および(2)に答えなさい。（Ag＝108 とする）

(1) 各電極で発生する銀の物質量を，次の①～④から一つ選びなさい。

　　① 　0.35 mol　　② 　3.2 mol　　③ 　0.030 mol　　④ 　0.0030 mol

(2) 各電極で発生する銀の質量を，次の①～④から一つ選びなさい。

　　① 　1.25 g　　② 　2.25 g　　③ 　3.24 g　　④ 　4.25 g

問 19　水溶液中の水素イオンが(1)～(4)の値を示す時，それぞれの水溶液は①酸性・②アルカリ性・③中性のいずれを示すか答えなさい。水溶液の温度は 25 ℃ とする。

(1) 10^{-5} mol/l　　(2) 10^{-12} mol/l　　(3) 10^{-7} mol/l　　(4) 10^{-2} mol/l

　　① 　酸性　　　　② 　アルカリ性　　③ 　中性

問 20　銀の結晶は面心立方格子で，単位格子の一辺の長さは 4.1×10^{-8} cm である。金属ナトリウムの結晶は体心立方格子で，単位格子の一辺の長さは 4.3×10^{-8} cm である。銀原子 6.0×10^{23} 個の質量が 108 g の時，(1)～(3)に答えなさい。

(1) 銀の結晶密度を，次の①～④から一つ選びなさい。

　　① 　10.4 g/cm³　　② 　9.4 g/cm³　　③ 　11.4 g/cm³　　④ 　12.4 g/cm³

(2) ナトリウム原子1個の質量を，結晶密度 0.97 g/cm³ として，次の①〜④から一つ選びなさい。

　① 1.8×10⁻²³　　② 3.6×10⁻²³　　③ 3.9×10⁻²³　　④ 2.0×10⁻²³

(3) 6.0×10²³ 個のナトリウム原子からなる金属ナトリウムの結晶の体積を，次の①〜④から一つ選びなさい。

　① 30.0 cm³　　② 23.9 cm³　　③ 20.0 cm³　　④ 19.9 cm³

第 2 回

問 1 塩素，イオウ，窒素，炭素の水素化合物の水溶液中のイオンの化学式と，示す性質の組み合わせの表を完成させなさい。

	イオンの化学式	性質
(1) 塩素		
(2) イオウ		
(3) 窒素		
(4) 炭素		

① CH_4 ② H_2S ③ HCl ④ NH_3
⑤ 酸性   ⑥ 中性   ⑦ 塩基性

問 2 硫酸鉄(Ⅱ)$FeSO_4$ の酸性溶液 10 ml を滴定するのに，0.020 mol/l の過マンガン酸カリウム（$KMnO_4$）溶液を 10 ml 使った。この硫酸鉄(Ⅱ)溶液は何 mol/l か。次の①～④から一つ選びなさい。

① 1.0 mol/l ② 0.10 mol/l ③ 0.010 mol/l ④ 0.0010 mol/l

問 3 炭酸水素ナトリウム $NaHCO_3$，炭酸アンモニウム $(NH_4)_2CO_3$ は 200 °C を超えて，完全に分解する。この二つの物質をそれぞれ 100 g とって，200 °C 以上で分解した時発生する気体の体積比を，次の①～④から一つ選びなさい。

① 1：3   ② 3：5   ③ 2：7   ④ 5：3

問 4 黄銅鉱 $CuFeS_2$ の粉末を，下の図のような順で処理した。(1)～(7)にあてはまる化学式を，それぞれ①～⑧から選びなさい。

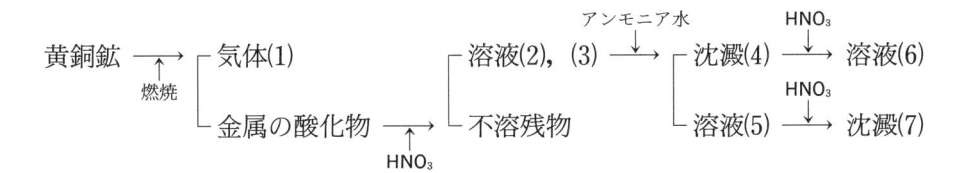

```
                                         アンモニア水        HNO₃
黄銅鉱 ─→ ┬ 気体(1)         ┬ 溶液(2),(3) ──→ ┬ 沈殿(4) ──→ 溶液(6)
      燃焼 │                │                 │      HNO₃
         └ 金属の酸化物 ──→ └ 不溶残物        └ 溶液(5) ──→ 沈殿(7)
                        HNO₃
```

① SO_2 ② CO_2 ③ $Cu(OH)_2$ ④ $Fe(NO_3)_3$
⑤ $Cu(NO_3)_2$ ⑥ $[Cu(NH_3)_4]^{2+}$ ⑦ $Fe(OH)_3$ ⑧ $[Cu(NH_3)_4]^+$

問5　以下の文を読んで，(1), (2), (3)に入る試薬を，次の①〜⑤から選びなさい。

Ag$^+$, Ba^{2+}, Mg^{2+}, Al^{3+} の4種類の陽イオンを含む混合液がある。(1)を加えて Ag$^+$ だけを沈殿させ，ろ過した。その液に(2)を加えて Ba^{2+} だけを沈殿させた。次にその液に(3)を加えたところ，はじめは Mg^{2+} も Al^{3+} も沈殿した。ここに十分な試薬を加えると，Al^{3+} だけが溶けるので，これをろ過すれば Mg^{2+} と Al^{3+} を分離することができる。

① NaOH　　② NH$_3$　　③ HCl　　④ NHO$_3$　　⑤ H$_2$SO$_4$

問6　硫酸銅溶液に，白金の電極を入れて，蓄電池につなぎ，32分間電解を続けた。電流計は 300 mA を示した。陰極に析出する銅の量を，次の①〜④から一つ選びなさい。

① 19.0 g　　② 1.90 g　　③ 0.190 g　　④ 0.0190 g

問7　C，H，O からできている化合物 2.176 mg を完全燃焼させた。その結果，水 1.305 mg，二酸化炭素 3.159 mg が得られた。この化合物の分子量を 180 とした時の分子式を，次の①〜④から一つ選びなさい。

① C$_6$H$_{12}$O$_6$　　② C$_6$H$_8$O$_6$　　③ C$_2$H$_8$O$_2$　　④ C$_2$H$_4$O$_2$

問8　(1)〜(5)の電子式の化合物名をそれぞれ，次の①〜⑥から一つ選びなさい。

(1)
```
    ..
H : N : H
    ..
    H
```

(2)
```
    H
    ..
H : C : H
    ..
    H
```

(3)
```
O :: C :: O
```

(4)
```
  ..
: F : H
  ..
```

(5)
```
  ..
: O : H
  ..
```

① メタン　　② アンモニウムイオン　③ アンモニア　④ フッ化水素
⑤ 水酸化物イオン　⑥ 二酸化炭素

問 9 ある水溶液中の塩素の量を次の手順で求めた。はじめの水溶液に含まれている塩素の量を，次の①～④から一つ選びなさい。

[A] 水溶液 50 ml をとり，10 ％のヨウ化カリウム（KI）水溶液 50 ml を加えて反応させた。
[B] [A] のヨウ素（I_2）の濃度は，0.01 mol/l だった。

① 69 mg　　② 71 mg　　③ 75 mg　　④ 56 mg

問 10 (1)～(6)の構造式が示す物質名をそれぞれ，次の①～⑥から選びなさい。

(1) H—Cl

(2) H—S—H (H$_2$S構造)

(3) H—C≡N

(4) HO—C(=O)—OH

(5) OH—N$^+$(=O)—O$^-$

(6) CH$_3$—COOH

① 硫化水素　　② 炭酸　　③ 酢酸
④ 塩化水素　　⑤ シアン化水素　⑥ 硝酸

問 11 イオン式，化学反応式の(1)～(7)にあてはまるものを，次の①～⑦から選びなさい。

$HNO_3 + H^+ + e^- \longrightarrow$ (1) + (2)
$Cu \longrightarrow Cu^{2+} + 2e^-$
$Cu +$ (3)$NHO_3 + 2H^+ \longrightarrow$ (4) $+ 2NO_2 + 2H_2O$
$Cu +$ (5)$NHO_3 \longrightarrow$ (6) $+ 2NO_2 + 2H_2O$

① Cu^{2+}　　② H_2O　　③ NO_2　　④ 2
⑤ $Cu(NO_3)_2$　⑥ 4

問12　CとHとOからできている化合物 12.0 mg を完全燃焼させたところ，CO₂ 217.6 mg と H₂O 7.2 mg が得られた。(1)および(2)に答えなさい。

(1) この化合物の組成式を，次の①～⑥から一つ選びなさい。
(2) この化合物の分子量を 120 とする分子式を，次の①～⑥から一つ選びなさい。

　　① C_3HO_2　　　② C_2H_2O　　　③ CH_2O
　　④ $C_3H_6O_3$　　⑤ $C_6H_8O_6$　　⑥ $C_2H_2O_2$

問13　プロパン C_3H_8 を完全燃焼させた時について，(1)および(2)に答えなさい。

(1) プロパン 8.8 g から，水は何 g 生じるか。次の①～④から一つ選びなさい。

　　① 13.0 g　　② 13.5 g　　③ 15.4 g　　④ 14.4 g

(2) (1)の時，標準状態で必要な酸素は何 l か。次の①～④から一つ選びなさい。

　　① 20.4 l　　② 22.4 l　　③ 21.0 l　　④ 23.4 l

問14　0 ℃，0.50×10^5 Pa で 40 ml を占める気体を，122 ℃，0.60×10^5 Pa にすると体積は何 ml か。次の①～④から一つ選びなさい。

　　① 24 ml　　② 36 ml　　③ 48 ml　　④ 50 ml

問15　20 l のボンベに 30 ℃ で圧力 5.0×10^5 Pa の酸素 O_2 が入っている時，(1)～(3)に答えなさい。

(1) O_2 は何 mol か。次の①～④から一つ選びなさい。

　　① 4.0 mol　　② 5.0 mol　　③ 6.0 mol　　④ 7.0 mol

(2) O_2 の分子数はいくつか。次の①～④から一つ選びなさい。

　　① 2.3×10^{24} 個　② 2.4×10^{24} 個　③ 2.5×10^{24} 個　④ 2.6×10^{24} 個

(3) O_2 は何 g か。次の①～④から一つ選びなさい。

　　① 1.28 g　　② 12.8 g　　③ 128 g　　④ 256 g

問 16　NH₃（分子量 17）について，(1)〜(3)に答えなさい。

(1)　NH₃ 5.1 g に含まれる分子数は何個か。次の①〜④から一つ選びなさい。

　　① 1.8×10²³ 個　　② 0.18×10²³ 個　　③ 18×10²³ 個　　④ 9.0×10²³ 個

(2)　1.8×10²⁴ 個の NH₃ の標準時の体積を，次の①〜④から一つ選びなさい。

　　① 0.67 l　　② 6.7 l　　③ 67 l　　④ 6.7×10² l

(3)　11.2 l（標準時）の NH₃ の質量を，次の①〜④から一つ選びなさい。

　　① 0.85 g　　② 8.5 g　　③ 85 g　　④ 42 g

問 17　水（H₂O）150 ml に 0.3 mol の食塩を溶かした溶液のモル濃度を，次の①〜④から一つ選びなさい。

　　① 1 mol/l　　② 2 mol/l　　③ 3 mol/l　　④ 4 mol/l

問 18　濃度のわからない硫酸（密度 1.02 g/l）7.0 ml を中和するのに，水酸化ナトリウム水溶液（0.20 mol/l）18.2 ml を用いた。(1)および(2)に答えなさい。

(1)　この硫酸のモル濃度を，次の①〜④から一つ選びなさい。

　　① 0.16 mol/l　　② 0.26 mol/l　　③ 0.36 mol/l　　④ 0.46 mol/l

(2)　この硫酸の質量パーセント濃度を，次の①〜④から一つ選びなさい。

　　① 3.5 %　　② 2.5 %　　③ 1.5 %　　④ 1.0 %

問 19　[H⁺]＝10⁻⁷ mol/l の純水に塩酸を加えたところ，[H⁺] がもとの 1000 倍になった。これに関し，次の(1)，(2)に答えなさい。

(1)　この溶液の pH はいくつか。次の①〜④から一つ選びなさい。

　　① pH＝2　　② pH＝3　　③ pH＝4　　④ pH＝5

(2) ［OH⁻］を次の①〜④から一つ選びなさい。

① 10^{-10} mol/l　　② 9^{-10} mol/l　　③ 8^{-10} mol/l　　④ 7^{-10} mol/l

問20　0.1 mol/l のアンモニア水の pH を測定した時に 11 だった。これについて(1)および(2)に答えなさい。

(1) アンモニア水の ［OH⁻］ はいくつか。次の①〜④から一つ選びなさい。

① 10^{-3} mol/l　　② 10^{-4} mol/l　　③ 10^{-5} mol/l　　④ 10^{-6} mol/l

(2) アンモニアの電離度はいくつか。次の①〜④から一つ選びなさい。

① 0.1　　　　　② 0.01　　　　　③ 0.001　　　　　④ 1

解答

第1章　練習問題 (p.33—p.37)

問1　単体　①　⑥　⑧　⑩
　　　　化合物　②　⑤　⑨
　　　　混合物　③　④　⑦

問2　(1) ④　　(2) ①　　(3) ②　　(4) ⑤　　(5) ③

問3　(1) ②, ⑥　　(2) ④, ⑤　　(3) ③, ⑧　　(4) ①, ⑦
→(2)　ダイヤモンドは，多数の炭素原子が共有結合してできている。融点は約3600℃で単体の中では最高である。
　(3)　ヘリウムの融点は−272.2℃，沸点は−268.934℃。

問4　(1) ①　　(2) ③　　(3) ②または④　　(4) ②または④
→陽子数＝電子数＝原子番号。陽子数＋中性子数＝質量数

問5　(1) ①　　(2) ②　　(3) ①　　(4) ①

問6　(1) ⑥　　(2) ④　　(3) ③　　(4) ①　　(5) ②　　(6) ⑤

問7　(1) ③　　(2) ⑥　　(3) ①　　(4) ⑦　　(5) ②　　(6) ④　　(7) ⑤

問8　(1) ⑤　　(2) ②　　(3) ④　　(4) ③　　(5) ①

問9　(1) ②　　(2) ④　　(3) ③　　(4) ①

問10　(1) ⑤　　(2) ⑥　　(3) ④　　(4) ②　　(5) ③　　(6) ①

問11 (1) ①, ②, ④, ⑤, ⑥　(2) ⑦　(3) ③
　　(4) ④, ⑤, ⑥　(5) ①, ③　(6) ②

問12 (1) ①または③　(2) ③または①　(3) ②または④　(4) ④または②

問13 (1) ②　(2) ④　(3) ③　(4) ①　(5) ⑤

問14 (1) ②　(2) ③　(3) ①
→(1) アルコールの水素基の水素はナトリウムと反応する。

問15 $Zn(OH)_2 + 2HCl \longrightarrow ZnCl_2 + 2H_2O$
　　　$Zn(OH)_2 + 2NaOH \longrightarrow Na_2[Zn(OH)_4]$

　　　$Pb(OH)_2 + 2HCl \longrightarrow PbCl_2 + 2H_2O$
　　　$Pb(OH)_2 + 2NaOH \longrightarrow Na_2[Pb(OH)_4]$

問16　$4NH_3 + 5O_2 \longrightarrow 4NO + 6H_2O$ …①
　　　$2NO + O_2 \longrightarrow 2NO_2$ 　　　　…②
　　　$3NO_2 + H_2O \longrightarrow 2HNO_3 + NO$ …③
　　　①, ②, ③より, NOとNO₂を消去すると, ①+②×3+③×2より,
　　　$4NH_3 + 8O_2 \longrightarrow 4HNO_3 + 4H_2O$
　　　∴ $NH_3 + 2O_2 \longrightarrow HNO_3 + H_2O$

問17　組成式　HO　　分子式　H_2O_2
　　（過酸化水素中の水素原子の数）：（過酸化水素中の酸素原子の数）

$$= \frac{5.90}{1.01} : \frac{94.1}{16.0} = 5.84 : 5.88$$

$$≒ 1 : 1$$

組成式 HO=17.0 より，分子量は組成式の式量の整数倍なので，H_nO_n とすると，1 mol の質量は 34 g となる。

$$17.0 \times n = 34.0 \qquad ∴ n = 2$$

ゆえに分子式は H_2O_2 となる。

第2章 練習問題 (p.48—p.52)

問1 (1) ④ (2) ② (3) ① (4) ③

問2 ①

$1.57\,\text{g}$ の CO_2 の体積を $x\,\ell$ とすると，

$$1.57 : 44.0 = x : 22.4$$

$$x = \frac{1.57 \times 22.4}{44.0} \ [l]$$

$1\,l = 10^3\,\text{cm}^3$ より，

$$\frac{1.57}{44.0} \times 22.4 \times 10^3 = 799 \fallingdotseq 800\ [\text{cm}^3] \qquad \therefore 800\,\text{cm}^3$$

問3 ③

→塩化ナトリウムは完全に電離する。

$$\frac{2.925}{23.0 + 35.5} \times 2 = 0.100\ [\text{mol}] \quad \cdots\cdots 溶液中のイオンの物質量$$

$$0.100 \times \frac{1000}{100} = 1.00\ [\text{mol/kg}] \quad \cdots\cdots 溶液中のイオンの質量モル濃度$$

凝固点降下度は，$\varDelta t = 1.85 \times 1.00 = 1.85\ [\text{K}]$

凝固点は，$0 - 1.85 = -1.85\ [\text{°C}]$

問4 a ④ b ③ y ②

両辺の C，H，O の数を比較すると，

	左辺	右辺
C	3	0
H	8	$2b$
O	$2y$	$2a+b$

この両辺の数が等しくなるので，

$$a = 3$$
$$b = 4$$
$$y = 5$$

よって，

$\quad$ $C_3H_8 \; + \; 5\,O_2 \longrightarrow 3\,CO_2 \; + \; 4\,H_2O$

問5 (1) ② $\quad$ (2) ① $\quad$ (3) ④

→(1) 分子数を n とする。
$$22.4 : 8.4 = 6.0\times10^{23} : n$$
$$n = \frac{6.0\times10^{23}\times8.4}{22.4}$$
$$n = 2.25\times10^{23} \fallingdotseq 2.3\times10^{23} \qquad \therefore 2.3\times10^{23}$$

→(2) CO_2 の分子量は 44.0，1 mol の質量は 44.0 g である。質量を w [g] とする。
$$22.4 : 8.4 = 44.0 : w$$
$$w = \frac{8.4\times44.0}{22.4}$$
$$w = 16.5 \qquad \therefore 16.5 \text{ g}$$

→(3) 分子量を m とする。
$$22.4 : 8.4 = m : 12.6$$
$$m = \frac{22.4\times12.6}{8.4}$$
$$m = 33.6 \qquad \therefore 33.6$$

問6 (1) ② $\quad$ (2) ③ $\quad$ (3) ④

問7 (1) ③ $\quad$ (2) ④ $\quad$ (3) ③

→(1) $2\times10^5\times2 = x\times(2+3)$
$$x = 0.8\times10^5 \qquad \therefore 0.8\times10^5 \text{ Pa}$$
→(2) $1\times10^5\times3 = x\times(2+3)$
$$x = 0.6\times10^5 \qquad \therefore 0.6\times10^5 \text{ Pa}$$
→(3) $0.8\times10^5 + 0.6\times10^5 = 1.4\times10^5 \qquad \therefore 1.4\times10^5 \text{ Pa}$

問8 (1) ② $\quad$ (2) ① $\quad$ (3) ④ $\quad$ (4) ③

→(1) 理想気体の状態方程式 $PV = nRT$ を使うと，
$$T = 273 + 27 = 300 \text{ K}$$
$$\frac{2.0\times10^5\times15}{8.31\times10^3\times300} = 1.22 \qquad \therefore 1.2 \text{ mol}$$

→(2)　6.0×10^{23} [/mol] $\times 1.2$ [mol] $= 7.2 \times 10^{23}$　　　∴ 7.2×10^{23}

→(3)　32 [g/mol] $\times 1.2$ [mol] $= 38.4$　　　∴ 38 g

→(4)　理想気体の状態方程式 $PV = nRT$ を使うと，

$$1.0 \times 10^5 \times 15 = n \times 8.31 \times 10^3 \times (27 + 273)$$

$$n = 0.60 \quad ∴ 0.60 \text{ mol}$$

問9　①

→水 3 l に対して溶ける N_2 は，

$$0.024 \times 3000 = 72 \text{ [m}l\text{]}$$

である。標準状態であるので，72 ml の N_2 の質量と x mg は，

$$72 : 22400 = x : 28000$$

$$x = \frac{72 \times 28000}{22400} = 90 \quad ∴ 90 \text{ mg}$$

問10　(1)　①　　(2)　④

→(1)　$\dfrac{110}{100+110} \times 100 = 52.38$

$$\fallingdotseq 52 \quad ∴ 52 \%$$

→(2)　60 °C の硝酸カリウム飽和水溶液中の量は，

$$100 - 52 = 48$$

である。40 °C の時，48 g の水に溶ける硝酸カリウムの量 x [g] は，

$$\dfrac{64}{100} = \dfrac{x}{48}$$

$$x = 30.72$$

$$x \fallingdotseq 31$$

従って，

$$52 - 31 = 21 \quad ∴ 21 \text{ g}$$

問11　③

→ $28 \times \dfrac{4}{5} + 32 \times \dfrac{1}{5} = 28.8$

$$\fallingdotseq 29 \quad ∴ 約 29$$

問12　③

問13 ④

→ $1000 \times 2.38 \times \dfrac{84}{100} \times \dfrac{1}{98} = 20.4$ ∴ $20.4 \text{ mol}/l$

問14 ②

→しょうのう溶液の凝固点降下度は，

$$\Delta t = 178.0 - 175.5 = 2.5 \text{ [K]}$$

また，ある物質の分子量を M とすると，質量モル濃度 m [mol/kg] は，

$$m = \dfrac{0.3}{M} \times \dfrac{1000}{1.50} = \dfrac{20}{M}$$

したがって，凝固点降下度を求める式 $\Delta t = K \cdot m$ より，

$$2.5 = 40 \times \dfrac{20}{M} \qquad \therefore M = 320$$

問15 ①

→塩化ナトリウムは水溶液中でほぼ完全に電離するため，塩化ナトリウム水溶液は，ブドウ糖水溶液のモル濃度の半分であればよい。必要な塩化ナトリウムを x [g] とすれば，$C_6H_{12}O_6 = 180$, $NaCl = 58.5$ より，

$$\dfrac{53}{180} \times \dfrac{1}{2} = \dfrac{x}{58.5}$$

$$x = 8.61$$

$$x \fallingdotseq 8.6 \qquad \therefore 8.6 \text{ g}$$

問16 ④

第3章 練習問題 (p.65—p.68)

問1 (1) $2H_2S + 3O_2 \rightarrow 2H_2O + 2SO_2$ (S ; $-2 \rightarrow +4$)

　　　　 $2H_2S + O_2 \rightarrow 2H_2O + 2S$ (S ; $-2 \rightarrow +0$)

(2) $4NH_3 + 3O_2 \rightarrow 2N_2 + 6H_2O$ (N ; $-3 \rightarrow +4$)

　　 $4NH_3 + 5O_2 \rightarrow 4NO + 6H_2O$ (N ; $-3 \rightarrow +2$)

(3) $CH_4 + 2O_2 \rightarrow CO_2 + 2H_2O$ (C ; $-4 \rightarrow +4$)

問2 (1) $CuCl_2 \longrightarrow Cu^{2+} + 2Cl^-$

　　　　陽極：$2\,Cl^- \longrightarrow Cl_2 + 2\,e^-$

　　　　陰極：$Cu^{2+} + 2\,e^- \longrightarrow Cu$

　　(2)　$HCl \longrightarrow H^+ + Cl^-$

　　　　陽極：$2\,Cl^- \longrightarrow Cl_2 + 2\,e^-$

　　　　陰極：$2\,H_2O + 2\,e^- \longrightarrow H_2\uparrow + 2\,OH^-$

問 3　(1)　$4.8\times10^3\,C$　　(2)　陰極：銅が $1.6\,g$　　陽極：酸素が $0.3\,l$

→(1)　$2.0\,[A]\times2400\,[s]=4800\,[C]$
　　　　　　　　　　　$=4.8\times10^3\,[C]$　　　　$\therefore 4.8\times10^3\,C$

→(2)　陰極，陽極での反応はそれぞれ，

　　　　陰極：$Cu^{2+} + 2\,e^- \longrightarrow Cu$

　　　　陽極：$4\,OH^- \longrightarrow 2\,H_2O + O_2 + 4e^-$

であるから，陰極で析出する銅は，流れた電子の物質量の2分の1，陽極で発生する酸素は4分の1である。

　　流れた電子の物質量は，

　　　　$4.8\times10^3\,[C]\div96500\,[C/mol]\fallingdotseq0.050\,[mol]$

よって，銅は，

　　　　$0.050\,[mol]\times\dfrac{1}{2}\times63.6\,[g/mol]\fallingdotseq1.6\,[g]$

酸素は，

　　　　$0.050\,[mol]\times\dfrac{1}{4}\times22.4\,[l/mol]\fallingdotseq0.28\,[l]$

が析出する。

問 4　(1)　$55.7\,kJ$

→(1)　$S=1\,mol=32.0\,g$ より，

　　　　$32.0:297=6.00:x$

　　　　　　$x\fallingdotseq55.7$　　　　$\therefore 55.7\,kJ$

　(2)　$S+SO_2+\dfrac{3}{2}O_2=SO_2+SO_3+397\,kJ$

　　　$S+\dfrac{3}{2}O_2=SO_3+397\,kJ$

　　①，②より SO_2 を消去して，①+②より，

　　　　$S+\dfrac{3}{2}O_2=SO_3+397\,kJ$

問5　①

→　硫酸のモル濃度を x [mol/l] とする。
$$x \times \frac{20.0}{1000} \times 2 = 0.400 \times \frac{30.0}{1000} \times 1$$
$$x = 0.300 \text{ [mol/}l\text{]} \qquad \therefore 0.300 \text{ mol/}l$$

問6　(1)　A　②　　B　③　　C　①　　(2)　③

問7　(1)　②　　(2)　⑤　　(3)　①　　(4)　①　　(5)　②　　(6)　③

問8　②

→　$2H_2 + O_2 = 2H_2O$（気体）$+ 484$ kJ …①
$4NH_3 + 3O_2 = 2N_2 + 6H_2O$（気体）$+ 1247$ kJ …②

①，②より H_2O（気体）を消去して，①×3−②
$$2N_2 + 6H_2 = 4NH_3 + 205 \text{ kJ} \cdots ③$$

よって，アンモニア 1 mol の生成熱は③×$\frac{1}{4}$より，

$$\frac{1}{2}N_2 + \frac{2}{3}H_2 = NH_3 + 51 \text{ [kJ]} \qquad \therefore 51 \text{ kJ}$$

問9　(1)　②　　(2)　④　　(3)　③　　(4)　⑤

問10　(1)　②　　(2)　⑤　　(3)　⑧　　(4)　①

問11　④

→必要な水酸化ナトリウム水溶液を x [ml] とすると，
$$0.2 \times \frac{100}{1000} \times 2 = 0.1 \times \frac{x}{1000} \times 1$$
$$x = 400 \text{ [m}l\text{]} \qquad \therefore 400 \text{ m}l$$

問12　(1)　①　　(2)　①　　(3)　②　　(4)　③

問13　①

陰極で起こる反応は，
$$Cu^{2+} + 2e^- \longrightarrow Cu$$
したがって，電子 1 mol の電気量で析出する銅は，
$$\frac{Cu^{2+}}{2} \longrightarrow \frac{Cu}{2} \quad \left(=\frac{63.5}{2}g=31.75\ [g]\right)$$
一方，2.00 A で 16 分 30 秒電気を流したので，電気量は，
$$2.00 \times (16 \times 60 + 30) = 1980\ [C]$$
電子 1 mol がもつ電気量は，9.65×10^4 C/mol であるから，
1980 C は，電子 $\dfrac{1980}{9.65 \times 10^4} = 0.02$ mol

よって，電気分解で析出する銅は，
$$31.75 \times 0.02 = 0.635\ g$$

問14　②

水素を燃焼させた時，水素 0.80 g と化合する酸素の量は，
$$7.2 - 0.80 = 6.40\ [g]$$
である。よって，
$$H : O = 0.80 : 6.40 = 1 : 8$$
酸化銅(II)を水素で還元する場合，この水素の量は，
$$1.58 + 0.45 - 1.98 = 0.05\ [g]$$
この水素と化合した酸素の量は，
$$1.98 - 1.58 = 0.40\ [g]$$
よって，
$$H : O = 0.05 : 0.40 = 1 : 8$$

問15　③

水溶液中では，次のような電解平衡が成り立っている。
$$NH_3 + H_2O \rightleftharpoons NH_4^+ + OH^-$$
0 ℃，1.01×10^5 Pa でのアンモニア 30 ml の物質量は，
$$\frac{30 \times 10^{-3}\ [l]}{22.4\ [l]} = 1.34 \times 10^{-3}\ [mol]$$
pH = 11.0 より，
$$[OH^-] = 1.0 \times 10^{-3}\ [mol/l]$$
$[OH^-] = [NH_4^+]$ なので，25 ml の水溶液中に電離しているアンモニアの物質量は，

$$25\times10^{-3}(l)\times1.0\times10^{-3}\,[\mathrm{mol}/l]=25\times10^{-6}\,[\mathrm{mol}]$$

よって，求めるアンモニアの電離度は，

$$\frac{25\times10^{-6}\,[\mathrm{mol}]}{1.34\times10^{-3}\,[\mathrm{mol}]}=19.2\times10^{-3}$$

$$\fallingdotseq 0.019 \qquad \therefore 0.019$$

第4章　練習問題 (p.78—p.80)

問1　(1) ④　(2) ③　(3) ①　(4) ②

問2　(1) ③　(2) ①　(3) ①, ③, ④　(4) ②　(5) ①, ③

問3　(1) ④　(2) ②　(3) ①　(4) ③

問4　(1) ③・⑥　(2) ②・④　(3) ②・⑤　(4) ①・⑦

問5　(1)　　　　　　　(2)　　　　　　(3)

　　　　:Ö::C::Ö:　　　:N⋮⋮N:　　　Na:S̈:Na

問6　(1) ⑤　(2) ③　(3) ①　(4) ②

問7　(1) ①, ②　(2) ①　(3) ④　(4) ②, ③

問8　②, ④
→　①電気伝導性がない。③融点は非常に低い。

問9　③
→銅原子の半径を r，単位格子の一辺の長さを $a=3.62$ Å とすると，

$$4r=\sqrt{2}\,a$$

$$r=\frac{\sqrt{2}}{4}a=\frac{1.41\times3.62\,[\text{Å}]}{4}$$

$$=1.28\,[\text{Å}] \qquad \therefore 1.28\,\text{Å}$$

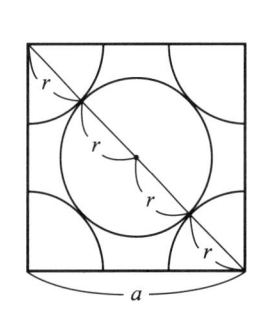

問10　②

→金属原子の半径を r，単位格子の一辺の長さを a とすると，$r=\dfrac{\sqrt{2}}{4}a$ より，充填率は，

$$\dfrac{\dfrac{4}{3}\pi r^3 \times 4}{a^3}\times 100 = \dfrac{\dfrac{4}{3}\times 3.14 \times \left(\dfrac{\sqrt{2}}{4}a\right)^3 \times 4}{a^3}\times 100 ≒ 74 \qquad \therefore 74\ \%$$

総合問題　第1回

問1　金属元素：③，⑤，⑥　　　非金属元素：①，②，④，⑦，⑧

問2　典型元素：②，④，⑥，⑧　　　遷移元素：①，③，⑤，⑦

問3　③

問4　(1)　①，②　　(2)　⑤，⑥，⑦　　(3)　⑥　　(4)　④

問5　(1)　④　　(2)　①　　(3)　③

問6　(1)　②　　(2)　③　　(3)　④

→(1)　エタノールの組成式を $C_xH_yO_z$ とすると，

$$C_xH_yO_z \longrightarrow CO_2 + H_2O$$
$$\text{3.69 mg} \qquad \text{7.05 mg} \quad \text{4.32 mg}$$

エタノール中の炭素の物質量と，生成した二酸化炭素中の炭素の物質量は等しいので，

$$7.09\ [\text{mg}]\times \dfrac{C}{CO_2} = 7.09 \times \dfrac{12.0}{44.0} = 1.92\ [\text{mg}] \qquad \therefore 1.92\ \text{mg}$$

同様に水素は，

$$4.32\ [\text{mg}]\times \dfrac{2H}{H_2O} = 4.32 \times \dfrac{2.0}{18.0} = 0.48\ [\text{mg}] \qquad \therefore 0.48\ \text{mg}$$

よって酸素は，

$$3.69\ [\text{mg}] - (1.92\ [\text{mg}] + 0.48\ [\text{mg}]) = 1.29\ [\text{mg}] \qquad \therefore 1.29\ \text{mg}$$

→(2)　組成式 C_2H_6O　　$C:H:O = \dfrac{1.92}{12.0} : \dfrac{0.48}{1.0} : \dfrac{1.29}{16.0}$

$$= 0.16 : 0.48 : 0.08$$
$$= 2 : 6 : 1$$

問7　(1) ③　　(2) ②
→(1) 物質量；0.50 mol
→(2) 原子数；$6.0 \times 10^{23} \times 0.50 = 3.0 \times 10^{23}$

問8　(1) ②　　(2) ③　　(3) ②
→(1) プロピレンとシクロプロパンの2種である。
→(3) 気体の状態方程式 $PV = \frac{w}{M}RT$ より C_nH_{2n} の分子量 M は，

$$M = \frac{wRT}{PV} = \frac{0.40\,[\text{g}] \times 8.31 \times 10^3\,[\text{Pa}\cdot l/\text{K}\cdot\text{mol}] \times 273\,[\text{K}]}{1.01 \times 10^5\,[\text{Pa}] \times 325 \times 10^{-3}\,[l]}$$
$$= 27.6$$

よって，
$$12.0 \times n + 2.0 \times n = 27.6$$
$$n \fallingdotseq 2 \qquad \therefore 2.0\,\text{mol}$$

問9　①
→ $C_mH_n + xO_2 \longrightarrow yCO_2 + zH_2O$ とすると，両辺の C, H, O を比較して，

　　　C： $m = y$
　　　H： $n = 2z$
　　　O： $2x = 2y + z$

これをといて，
$$x = m + \frac{n}{4},\ y = m,\ z = \frac{n}{2}$$

問10　(1) ①　　(2) ④　　(3) ⑤　　(4) ②　　(5) ③

問11　(1) ①　　(2) ④
→(1) アセチレン　　$CaC_2 + 2H_2O \longrightarrow C_2H_2 + Ca(OH)_2$
　(2) ① 塩化ビニル　② 炭酸カルシウムの強熱分解　③ 炭酸カルシウムの白色沈殿

問12　(1) ①　　(2) ②　　(3) ④
→③はピクリン酸

問13 ④

→求める圧力を p [Pa] とすると，ボイル-シャルルの法則より，$\dfrac{PV}{T}=$ 一定なので，

$$\dfrac{1.00\times 10^5\,[\mathrm{Pa}]\times 10.0\,[l]}{273\,[\mathrm{K}]}=\dfrac{p\,[\mathrm{Pa}]\times 5.00\,[l]}{(273+100)\,[\mathrm{K}]}$$

$$p=2.73\times 10^5\,[\mathrm{Pa}] \qquad \therefore 2.73\times 10^5\,\mathrm{Pa}$$

問14 ④

→$P=1.23\times 10^5\,\mathrm{Pa}$，$M=32.0/\mathrm{mol}$，$w=8.0\,\mathrm{g}$，$T=(273+27)=300\,\mathrm{K}$ となり，

状態方程式 $PV=\dfrac{w}{M}RT$ より，

$$V=\dfrac{wRT}{MP}=\dfrac{8.00\,[\mathrm{g}]\times 8.31\times 10^3\,[\mathrm{Pa}\cdot l/\mathrm{K}\cdot\mathrm{mol}]\times (273+27)\,[\mathrm{K}]}{32.0\times 1.23\times 10^5\,[\mathrm{Pa}]}$$

$$=5.07\,[l] \qquad \therefore 5.07\,l$$

問15 ③

→NaOH 8.0 g の物質量，$\dfrac{8.0}{40}=0.20\,\mathrm{mol}$ より，

$$0.20\times\dfrac{1000}{100}=2.0\,[\mathrm{mol}/l] \qquad \therefore 2.0\,\mathrm{mol}/l$$

問16 ④

→メタンの生成の熱化学方程式は，生成熱を Q [kJ/mol] とすると，

$$\mathrm{C}+2\,\mathrm{H_2}=\mathrm{CH_4}+Q\,\mathrm{kJ}$$

メタン，炭素，水素がそれぞれ燃焼する時の熱化学方程式は，

$$\mathrm{CH_4}+2\,\mathrm{O_2}=\mathrm{CO_2}+2\,\mathrm{H_2O}+894\,\mathrm{KJ}\cdots ①$$

$$\mathrm{C}+\mathrm{O_2}=\mathrm{CO_2}+394\,\mathrm{KJ} \qquad \cdots ②$$

$$\mathrm{H_2}+\dfrac{1}{2}\mathrm{O_2}=\mathrm{H_2O}+286\,\mathrm{KJ} \qquad \cdots ③$$

Q を求めるには，②+③×2－①より，

$$\mathrm{C}+2\,\mathrm{H_2}=\mathrm{CH_4}+(394+286\times 2-894)\,\mathrm{kJ}$$

$$=72\,[\mathrm{kJ}] \qquad \therefore 72\,\mathrm{kJ}$$

問17 (1) ① (2) ②

→(1) $x+(-2)\times 3=0,\ x=6$

(2) $x+(-2)\times 3=-2$, $x=4$

問18 (1) ③ (2) ③

→(1) 硝酸銀水溶液の各極の反応は，

$$\text{陽極}：2\,H_2O \longrightarrow 4\,H^+ + O_2\uparrow + 4\,e^-$$

$$\text{陰極}：Ag^+ + e^- \longrightarrow Ag$$

であるから，流れた電子の物質量と析出する銀の物質量は等しいので，

$$\frac{2.00\,[A]\times(60\times 24+10)\,[s]}{96500\,[C/mol]}=0.030\,[mol] \qquad \therefore 0.030\,\text{mol}$$

→(2) $0.030\,[mol]\times 108\,[g/mol]=3.24\,[g]$ $\therefore 3.24\,g$

問19 (1) ② (2) ① (3) ③ (4) ②

問20 (1) ① (2) ③ (3) ②

→(1) 面心立方格子中の原子は4個である。

$$108\,[g]\times\frac{4}{6.0\times 10^{23}}\times\frac{1}{(4.1\times 10^{-8})^3\,[cm^3]}=10.4\,[g/cm^3] \qquad \therefore 10.4\,g/cm^3$$

(2) 体心立方格子中の原子は2個である。

$$\frac{(4.3\times 10^{-8})^3\times 0.97}{2}=3.9\times 10^{-23} \qquad \therefore 3.9\times 10^{-23}$$

(3) $(4.3\times 10^{-8})^3\div 2\times 6.0\times 10^{23}=23.9\,[cm^3]$ $\therefore 23.9\,cm^3$

総合問題 第2回

問1

	イオンの化学式	性質
(1) 塩素	③	⑤
(2) イオウ	②	⑤
(3) 窒素	④	⑦
(4) 炭素	①	⑥

→塩素 $H^+ + Cl^-$ （酸性）　イオウ $H^+ + HS^- + S^{2-}$ （酸性）

　窒素 $NH_4^+ + OH^-$ （塩基性）　炭素 水にほとんど溶けず電離しない。（中性）

問2　②

硫酸鉄(II)と，過マンガン酸カリウムの反応式はそれぞれ，

$$FeSO_4 : Fe^{2+} \longrightarrow Fe^{3+}$$
$$KMnO_4 : MnO_4^- + 8H^+ + 5e^- \longrightarrow Mn^{2+} + 4H_2O$$

であるので，硫酸鉄(II)のモル濃度を x [mol/l] とすると，

$$x \text{ [mol/}l\text{]} \times \frac{10 \text{ [m}l\text{]}}{1000 \text{ [m}l\text{]}} \times 1 = 0.020 \text{ [mol/}l\text{]} \times \frac{10 \text{ [m}l\text{]}}{1000 \text{ [m}l\text{]}} \times 5$$

$$x = 0.10 \text{ [mol/}l\text{]} \qquad \therefore 0.10 \text{ mol/}l$$

問3　③

$$2NaHCO_3 \longrightarrow Na_2CO_3 + H_2O + CO_2\uparrow$$
$$(NH_4)_2CO_3 \longrightarrow 2NH_3 + H_2O + CO_2\uparrow$$

より，炭素水素ナトリウム 1 mol に対して，水蒸気が $\frac{1}{2}$ mol，二酸化炭素が $\frac{1}{2}$ mol，計 1 mol の気体が発生する。また，1 mol の炭酸アンモニウムに対して 2 mol のアンモニア，1 mol の水蒸気，1 mol の二酸化炭素，計 4 mol の気体が発生する。よって，$NaHCO_3 = 84$，$(NH_4)_2CO_3 = 96$ より，

$$\frac{100}{84} : \frac{100}{96} \times 4 = 1 : 3.5 = 2 : 7$$

問4　(1) ①　(2) ⑤　(3) ④　(4) ⑦　(5) ⑥　(6) ④　(7) ③

問5　(1) ③　(2) ⑤　(3) ①

問6　③

→流れた電流の量は $\dfrac{300 \times 10^{-3} \text{ [A]} \times (32 \times 60) \text{ [s]}}{96500 \text{ [C/mol]}} = 5.97 \times 10^{-3}$ [mol] となる。

$Cu^{2+} + 2e^- \to Cu$ より，析出する銅の量を x g とすると，

$$x = 5.97 \times 10^{-3} \text{ [mol]} \times \frac{1}{2} \times 63.5 \text{ [g/mol]}$$
$$= 0.190 \text{ [g]} \qquad \therefore 0.190 \text{ g}$$

問7　①

→ C ; $3.159 \times \dfrac{12}{44} = 0.8615$ [mg]

H ; $1.305 \times \dfrac{2}{18} = 0.1450$ [mg]

O ; $2.176 - (0.8615 + 0.1450) = 1.170$ [mg]

$$C : H : O = \dfrac{0.8615}{12} : \dfrac{0.1450}{1} : \dfrac{1.170}{16}$$
$$= 0.072 : 0.145 : 0.073$$
$$= 1 : 2 : 1 \quad CH_2O \text{（組成式）}$$

分子式を $(CH_2O)_n$ とおくと，$CH_2O = 30$ より，

$$30n = 180, \quad n = 6 \quad \therefore C_6H_{12}O_6$$

問8 (1) ③　(2) ①　(3) ⑥　(4) ④　(5) ⑤

問9 ②

→塩素をヨウ化カリウムに通じた時の反応は，

$$2I^- + Cl_2 \longrightarrow 2Cl^- + I_2$$

[A] の溶液中のヨウ素の物質量は，

$$0.01 \text{ [mol/}l\text{]} \times \dfrac{50 \text{ [m}l\text{]} + 50 \text{ [m}l\text{]}}{1000} = 0.001 \text{ [mol]}$$

したがって，ヨウ素と塩素の物質量は等しいので，はじめの水溶液中の塩素の物質量は 0.001 mol となる。

Cl_2 の分子量は 71 であるから，

$$71 \text{ [g/mol]} \times 0.001 \text{ [mol]} = 0.071 \text{ [g]} = 71 \text{ [mg]} \quad \therefore 71 \text{ mg}$$

問10 (1) ④　(2) ①　(3) ⑤　(4) ②　(5) ⑥　(6) ③

問11 (1) ③もしくは②　(2) ③もしくは②　(3) ④　(4) ①　(5) ⑥　(6) ⑤

問12 (1) ③　(2) ④

→ C ; $17.6 \times \dfrac{12}{44} = 4.8$ [mg]

H ; $7.2 \times 1 \times \dfrac{2}{18} = 0.8$ [mg]

O ; $12.0 - (4.8 + 0.8) = 6.4$ [mg]

C : H : O $= \dfrac{4.8}{12} : \dfrac{0.8}{1} : \dfrac{6.4}{16}$

$$=0.4:0.8:0.4$$
$$=1:2:1 \quad CH_2O \text{（組成式）} \quad \therefore CH_2O$$

$$(CH_2O) \times n = 120$$
$$n = 3$$

$$(CH_2O) \times 3 = C_3H_6O_3 \quad \therefore C_3H_6O_3$$

問13 (1) ④　　(2) ②

→(1) プロパンを燃焼させると，
$$C_3H_8 + 5\,O_2 \longrightarrow 3\,CO_2 + 4\,H_2O$$
より，プロパン 1 mol に対し，4 mol の水が発生する。
$$C_3H_8 = 44$$
より，プロパンの物質量は，
$$\frac{8.8}{44} = 0.20 \text{ [mol]}$$
よって，$H_2O = 18$ より，
$$0.20 \text{ [mol]} \times 4 \times 18 \text{ [g/mol]} = 14.4 \text{ [g]} \quad \therefore 14.4 \text{ g}$$

→(2) プロパン 1 mol に対し，5 mol の酸素が必要である。よって(1)より，標準状態で必要な酸素の量は，
$$0.20 \text{ [mol]} \times 5 \times 22.4 \text{ [}l\text{]} = 22.4 \text{ [}l\text{]} \quad \therefore 22.4 \text{ }l$$

問14 ③

→ボイル-シャルルの法則より，$\dfrac{PV}{T}=$一定なので，求める体積を x [ml] とすると，
$$\frac{0.50 \times 10^5 \text{ [Pa]} \times 40 \text{ [ml]}}{273 \text{ [K]}} = \frac{0.60 \times 10^5 \text{ [Pa]} \times x \text{ [ml]}}{(273+122) \text{ [K]}}$$
$$x = 48.2 \text{ [ml]} \quad \therefore 48 \text{ ml}$$

問15 (1) ①　　(2) ②　　(3) ③

→(1) 状態方程式 $PV = nRT$ より，
$$n = \frac{PV}{RT} = \frac{5.0 \times 10^5 \text{ [Pa]} \times 20 \text{ [}l\text{]}}{8.31 \times 10^3 \text{ [Pa}\cdot l\text{/mol}\cdot\text{K]} \times (273+30) \text{ [K]}}$$
$$= 3.97 \text{ [mol]} \quad \therefore 4.0 \text{ mol}$$

(2) $6.0 \times 10^{23} \times 4.0 = 24 \times 10^{23}$
$= 2.4 \times 10^{24}$ ∴ 2.4×10^{24} 個

→(3) O_2 (1 mol) $= 32.0$ g
$32 \times 4.0 = 128$ ∴ 128 g

問16 (1) ①   (2) ③   (3) ②

→(1) $n = 5.1 \div 17$
$= 0.30$ [mol]
$0.30 \times (6.0 \times 10^{23}) = 1.8 \times 10^{23}$ ∴ 1.8×10^{23} 個

→(2) $n = \dfrac{1.8 \times 10^{24}}{6.0 \times 10^{23}} = 3.0$ [mol]
3.0×22.4 [l/mol] $= 67.2$ [l]   ∴ 67 l

→(3) $n = \dfrac{11.2}{22.4} = 0.50$ [mol]
0.50×17 [g/mol] $= 8.5$ [g]   ∴ 8.5 g

問17 ②

→ $\dfrac{0.3 \times 1000}{150} = 2$ [mol/l]   ∴ 2 mol/l

問18 (1) ②   (2) ②

→(1) $anv = bn'v'$ より，硫酸 2 価，水酸化ナトリウム 1 価なので，
$a = 2, \ v = 7.0$
$b = 1, \ v' = 18.2, \ n' = 0.20$

$n = \dfrac{1 \times 0.20 \times 18.2}{2 \times 7.0} = 0.26$ ∴ 0.26 mol/l

(2) 1 l あたりの含まれる硫酸の量は，$H_2SO_4 = 98$ より，
98 [g/mol] $\times 0.26$ [mol] $= 25.48$ [g]

密度 1.02 g/l より，1 l あたりの溶液の重量は 1020 g であるから，質量パーセント濃度は，

$$\frac{25.48}{1020} \times 100 = 2.49$$

$$\fallingdotseq 2.5 \qquad \therefore 2.5\,\%$$

問19 (1) ③　(2) ①

→(1)　$[H^+] = 10^{-7} \times 10^3 \ [mol/l] = 10^{-4} \ mol/l \qquad \therefore pH = 4$

→(2)　$[H^+][OH^-] = 10^{-14} \ [mol/l]^2$ より，

$$= \frac{10^{-14} \ [mol/l]}{10^{-4} \ [mol/l]}$$

$$= 10^{-10} \ [mol/l] \qquad \therefore 10^{-10} \ mol/l$$

問20 (1) ①　(2) ②

→(1)　$[H^+] = 10^{-11}$

$[H^+][OH^-] = 10^{-14} \ [mol/l]^2$ より，

$[OH^-] = \dfrac{10^{-14}}{10^{-11}} = 10^{-3} \ [mol/l] \qquad \therefore [OH^-] = 10^{-3} \ mol/l$

(2)　$\alpha = \dfrac{10^{-3}}{0.1} = 10^{-2} = 0.01 \qquad \therefore 0.01$

索引

あ

アニリン　26
アボガドロの法則　41
アミノ酸　28
アミン　25
アルカリ金属　8
アルカリ土類金属　9
アルキル基　17
アルコール　21-22
アルデヒド　22-23
アレニウスの定義　57
イオン　11
イオン化　57
イオン化傾向　62
イオン結合　73
イオン結晶　74
異性体　18
一次電池　64
陰イオン　8,11
エステル　19
エーテル　22
塩基　56-59
炎色反応　11

か

化学結合　73-74
化学平衡　55-56
可逆反応　55
化合物　7,10
価電子　70
価標　18
カルボン酸　23
還元　59-60
環式化合物　16
官能基　17
基　17
希ガス　71
キシレン　21
気体定数　41
凝固　39
凝固点　39
凝固点降下　45
共有結合　74
共有電子対　74

極性分子　76
金属元素　8
クロマトグラフィー　38
クーロン力　73
ケトン　23
原子　69
原子核　69
原子番号　69
原子量　72
光学異性体　19
合成高分子化合物　30
構造異性体　18-19
構造式　18
コロイド　46
コロイド溶液　46
混合物　7,38,42

さ

再結晶　38
鎖式化合物　16
酸　56-59
酸化　59-60
酸化数　60
酸化物　10
三重結合　74
ジアゾ化　26
脂環式化合物　16
質量数　69
脂肪酸　19
シャルルの法則　40-41
周期表　7-8,72
重合反応　18
縮合反応　18
純物質　7,38
昇華　38
蒸溜　38
触媒　53
親水コロイド　47
浸透圧　46
水酸化物　11
水素イオン指数（pH）　59
水素イオン濃度　59
生成熱　54
絶対温度　40
絶対零度　40
遷移元素　8,10

洗剤　24-25
疎水コロイド　47
組成式　15
ゾル　46

た

第一級アルコール　21-22
第三級アルコール　21-22
第二級アルコール　21-22
脱水反応　18
脱離反応　18
ダニエル電池　63
単位格子　75
炭化水素　16-17
炭化水素基　17
単結合　74
単体　7
置換体　20
置換反応　18
抽出　38
中和　58
中和滴定　58
中和熱　54
チンダル現象　46
沈澱反応　13
呈色反応　13
電気分解　60-61
典型元素　7-8, 10
電子殻　70
電子式　74
電子対　74
電子配置　70
電池　63-64
電離　11, 57
電離度　57
同位体　69-70
ドルトンの分圧の法則　42

な

ナイロン　32
鉛蓄電池　64
二次電池　64
二重結合　74
熱化学方程式　54
燃焼熱　54

は

反応速度　53
反応熱　54
非共有電子対　74
非金属元素　8
ファラデーの電気分解の法則　61-62
フェノール　24
不可逆反応　55
付加反応　18
物質の三態　38
沸点　39
沸点上昇　45
沸騰　39
不飽和結合　16
不飽和脂肪酸　19
ブラウン運動　46
ブレンステッド・ローリーの定義　57
分圧　42
分子間力　73
分子式　15
分留　38
ヘスの法則　55
ベンゼン環　20
ヘンリーの法則　44
ボイル-シャルルの法則　40-41
ボイルの法則　40-41
芳香族　20
芳香族アミン　26
芳香族化合物　16
芳香族カルボン酸　21
芳香族炭化水素　20
芳香族ニトロ化合物　27
飽和結合　16
飽和脂肪酸　19
保護コロイド　47
ポリアクリロニトリル　31
ポリエステル　32
ポリエチレン　30
ポリ塩化ビニル　31
ポリ酢酸ビニル　31
ポリプロピレン　30

ま

マンガン乾電池　63-64
無極性分子　76
メンデレーエフ　71

や

融解　39
有機化合物　14-18
融点　39
油脂　24-25
陽イオン　8,11
溶液　43
溶解　43
溶解度　43-44
溶解度曲線　44
溶解熱　54
溶質　43
溶媒　43

ら

理想気体の状態方程式　41
ル・シャトリエの原理　56
ろ過　38
6-ナイロン　32
6,6-ナイロン　32

著者略歴

木谷朝子（きや　ちょうこ）

1952年生まれ。

日本大学文理学部卒業。

木谷塾塾長。

第1期品川区環境活動推進会議委員、大井町から教育を考える会（OKK）理事長。

チャレンジ理科〈化学〉

2007年11月20日　初版第1刷発行
2016年5月20日　初版第3刷発行

著者　木谷朝子
発行者　佐藤今朝夫

〒174-0056　東京都板橋区志村1-13-15
発行所　株式会社　国書刊行会
TEL.03(5970)7421(代表)　FAX.03(5970)7427
http://www.kokusho.co.jp

落丁本・乱丁本はお取替いたします。　　ISBN978-4-336-04689-5
組版・創栄図書印刷株式会社　印刷・株式会社シナノパブリッシングプレス
製本・株式会社村上製本所